दिल की नज़र से

(चुनिंदा ग़ज़लें, नज़्में और शे'र)

रवीन्द्र जैन

राजपाल

ISBN : 978-93-5064-235-1

प्रथम संस्करण : 2014 © रवीन्द्र जैन

DIL KI NAZAR SE (Poetry) by Ravindra Jain

राजपाल एण्ड सन्ज़

1590, मदरसा रोड, कश्मीरी गेट, दिल्ली-110006

फोन : 011-23869812, 23865483, 23867791

website : www.rajpalpublishing.com

e-mail : sales@rajpalpublishing.com

भूमिका

शायरी का और मेरा बचपन का साथ
दोस्तो लेकिन यह भी है सच्ची बात
मी न दानम फायलातुन फायलात
शेर मी गोयम बतर्ज़ आबे-हयात

ये आबे-हयात मैंने घूँट-घूँट पीया मेरे शहर अलीगढ़ से जहाँ हिन्दी, उर्दू और ब्रजभाषा का त्रिवेणी संगम है। मेरे वालिद मोहतरम पंडित इंद्रमणि जैन वैद्यशास्त्री, संस्कृत के प्रकाण्ड पंडित। भ्राता श्री धन्यकुमार जी जैन हिन्दी साहित्य में गहरी पैठ रखते थे, उनके पहलू में बैठकर मेरी भेंट हुई तुलसी, सूर, कबीर, मीरा, रसखान, रत्नाकर और पद्माकर से। उर्दू ज़बान मेरे कानों में तो थी, ज़बान पर नहीं थी। मैं रहता था फर्श पर और ग़ज़ल ऊपर कोट पर सत्तारी आपा के मकान में। उस खूबसूरत ग़ज़ल का नाम था रईसा। उसी ग़ज़ल ने मेरी आशनाई वली दकनी की ईजाद उर्दू ग़ज़ल से कराई। वो मेरे लिए पर्चों से ग़ज़लें चुन-चुन कर रखती और मैं उन्हें ज़हन नशीन कर लेता। पहली ग़ज़ल का मतला कुछ यूँ था :

अदा निराली थी अंदाज़ काफ़िराना था
ग़ज़ब का हुस्न क़यामत का मुस्कुराना था

और सीमाब साहब की ग़ज़ल का ये शेर :

नसीमे सुब्ह गुलशन में गुलों से खेलती होगी
किसी की आख़िरी हिचकी किसी की दिल्लगी होगी

कितने सादा लफ़्ज़ों में कितनी गहरी बात कही गई, ये मैं तब कहाँ समझ पाया था। रईसा मुझे उर्दू के लफ़्ज़ों से रईस बनाती जा रही थी और शायरी मेरी हस्ती पर छाती जा रही थी। कैसी चर्ब ज़बान थी वो मेरी बचपन की दोस्त।

संगीत मुझे शिक्षा से हासिल हुआ और शायरी उस्तादों की सोहबत से। यहाँ मैं मुख़्तार हाशमी साहब का खास तौर से ज़िक्र करना चाहूँगा जिनके दौलतकदे पर मैं अपने दोस्त निसार और इक़बाल के साथ अकसर पहुंच जाया करता था। कैसा पुख़्ता कलाम था उनका। फ़रमाते हैं :

मोहब्बत ज़िंदगी और ज़िंदगी ग़म
भला फिर किस तरह ग़म से बचें हम

ग़म से हरगिज़ न लो इंतेकाम आँसुओ
वर्ना ये रस्म भी आम हो जाएगी

मैं मुख़्तार साहब को हिन्दी की रचनाएं सुनाकर खूब दाद हासिल किया करता था।

मेरे टूटे ख़्वाब सजाने वाली कौन हो तुम कौन हो
मेरा सोया प्यार जगाने वाली कौन हो तुम कौन हो

एक और दोस्त शमीम नुवैद जिसकी बैठक में बैठ कर मीर तक़ी मीर से जिगर मुरादाबादी तक का कलाम जो मुझे मयस्सर हुआ वो मेरा छोटी उम्र का बड़ा सरमाया था। अब मैं नशिस्तों से मुशायरों में जाने लगा था। परचों और रिसालों से निकल कर दीवानों की ग़ज़लें गुनगुनाने लगा था। वो ग़ज़लें जब मैं रईसा को सुनाता तो वो अपनी कामयाबी पर फख़िया अंदाज़ से मुस्कुरा देती और जैसे कहती मैं ने लगा दी ना शेरो सुखन की चिंगारी और वही चिंगारी धीरे धीरे शोले में तब्दील होने लगी।

मैं संगीत प्रभाकर की परीक्षा प्रयाग संगीत समिति से पास कर चुका तो मेरे गुरुदेव ने आदेश दिया कि अब तुम अलीगढ़ से बाहर जाकर कला की बुलंदियाँ छुओ और ये शे'र भी सुनाया :

सर फूल वो चढ़ा जो चमन से निकल गया
इज़्ज़त उसे मिली जो वतन से निकल गया

गुरुदेव का आदेश माथे से लगाए मैं विश्वप्रसिद्ध गुरुदेव रवीन्द्रनाथ टैगोर के महानगर कलकत्ता पहुँच गया। उर्दू शायरी जो मेरे दिल की धड़कन बनी हुई थी, बँगला भाषियों के बीच आ कर मैंने उसे एक पल को भी फरामोश नहीं किया। यहाँ आकर मेरी मुलाकात हुई कमलनाथ मिश्र से। वो हिन्दी के गीत, ग़ज़ल के अंदाज़ में कहता। हमारी गोष्ठियाँ राम भंडार नाम के छोटे-से रेस्टोरेंट में तब तक होतीं जब तक राम भंडार देर शाम तक बंद न हो जाता। कमल चाय पर चाय पीता और शे'र पर शे'र कहता जाता। मैं भी प्याले में चाय ढालते-ढालते उसके कलाम को सुरों में ढाल देता। यहाँ हमारी साझे की शायरी शुरू हो गई थी। मिसरों को लेकर मिश्र के साथ खूब रस्साकशी होती। मुखड़ा कमल का होता तो अंतरा मेरा। आप भी हमारी साझे की महबूबा से मिलिये :

नियति के अधर पर कई गीत हैं जो
न तुम गा सकी हो न मैं गा सका हूँ
कहा एक दिन चाँद से चाँदनी ने
मुझी से सजाई धरा आदमी ने

मैं कहाँ पीछे रहने वाला था, मैंने भी गिरह लगा दिया।

बहा आई हूँ मैं धवल ज्योति धारा
जयति चंद्रिका कह रहा विश्व सारा
सुनी बात तो चंद्रमा मुस्कुराया
सलज भाव से चंद्रिका को बताया।
धरा की हज़ारों अँधेरी गली तक
न तुम जा सकी हो न मैं जा सका हूँ

उर्दू से बेगाने शहर में अपनी ज़बान दुरुस्त रखने के लिए मैं मशहूर शोअरा-ए-कराम के कलाम को सुरों के हार में पिरोता रहता था और इस कोशिश पर मुझे मेरे अज़ीज़तरीन दोस्त पीताम्बर उर्फ बच्चू भाई से दाद भी मिलती और इमदाद भी।

फ़िल्म निर्माता राधेश्याम जी झुनझुनवाला से आगे कहने का हौसला मिलता, संगीत निर्देशक वेदपाल जी से आशीर्वाद और मार्गदर्शन। ऐसे बेहतरीन शायरों की ग़ज़लों को तरतीब देते-देते मेरे दिल से भी झरनों की तरह शे'र फूटने लगे। मुलाहिज़ा फ़रमाइए :

बुलबुल तो यूँ ही ज़िन्दगी बरबाद करे है
सैयाद से इमदाद की फ़रियाद करे है

फूलों से ज़ख़्म मिले शिकवा है दिल को ख़ारों से
दोष ख़िज़ाँ को देते हैं हम बरबाद बहारों से

हर शायर का ये अरमान होता है कि उसके कलाम को पेश करने वाली कोई आवाज़ मिल जाए। इसी जुस्तुजू में मुझे मिल गयी हेमलता और उसके कंठ से कमल जी के तो कभी मेरे नग़्मे मंच पर जलवा अफ़रोज़ होने लगे।

कलकत्ता में मकाम हासिल करने के लिए मैंने बंगला ज़बान का सहारा लिया। यहाँ मेरी मदद गीत लिख-लिख कर मेरे घनिष्ठ मित्र भावेश गुप्ता ने की। मैंने भी बंगला में गीत लिखने आरम्भ किए जिन्हें बंगाल के गायक-गायिका बड़े प्यार से गाने लगे थे।

मैं जीवन का स्वर्णिम दशक कलकत्ता में बिता कर कुछ रचनाएँ और कुछ सुधियाँ मानस-पटल पर सजा कर अन्ततः राधेश्याम जी झुनझुनवाला के हमराह अपनी साधना का सुफल पाने महानगर मुंबई आ गया। इस यात्रा में मेरा कलकत्ता का साथी शंकर भी मेरे साथ था, दिन था 19 सितम्बर 1969। उसी शाम मुरली बाबू के निवास पर संगीत संध्या में मिला हास्य कवि रामरिख जी मनहर से। मनहर जी ने मुझे मुंबई की अजनबी ज़मीन पर चारों ओर बीज की तरह बो दिया और मीठे-मीठे फल भी आने लगे। मेरे कलकत्ता में सजाए नग़्मे रंग लाने लगे। यहाँ मैं अपनी फिल्में गिना कर आपको प्रभावित नहीं करना चाहता, मैं तो इस बात पर तवज्जो चाहता हूं कि शायरी मेरे अन्दर कैसे उगी और किस तरह परवान चढ़ी।

सुना था कि गीत-संगीत में जादू का असर होता है जो लोगों को अपनी ओर खींच लेता है। ये बात सत्य प्रमाणित हुई दिल्ली जाकर। फ़िल्म 'सौदागर' की रिलीज़ पर सतीश चंद्रा जी के बंगले पर जब मैंने गाया :

श्रृंगार करो न करो तुम यूँ ही सुन्दर हो
धरती पर रहती हो पर गगन से ऊपर हो

इस गीत का असर जादू की तरह एक कमसिन लड़की पर चल गया और उसने मेरे साथ शादी करने का निर्णय दृढ़तापूर्वक अपनी माता जी को सुना दिया। फिर क्या हुआ, वही हुआ जो होना था, होने में थोड़ी देर ज़रूर हो गयी। उस थोड़ी ही देर में दिव्या के हृदय से भी कविता प्रस्फुटित हो गयी। इसमें अचरज की कोई बात नहीं क्योंकि मेरी खुशदामन यानि दिव्या की माता जी निर्मला जैन स्वयं एक उच्च कोटि की कवयित्री, बेहतरीन शायरा और मशहूर उपन्यासकार हैं।

मेरे गीत-संगीत से फिल्में सजती-सँवरती रहीं और बज़्मे फ़िक्रो फ़न की नशिस्तों में ग़ज़लें निखरती रहीं। इस अदबी इदारे में कुछ सरे फेहरिस्त नाम ये हैं - कमर जलालाबादी, नक़्श लायलपुरी, क़ासिम क़तील, क़ासिम ख़ान, उस्मान आमिर, कामिल चाँदपुरी, बालेश्वर गुरु, इन्दू बिश्नोई आदि। हमारी नशिस्तों में कोई न कोई मेहमान शायर भी शिरकत फ़रमाते जिनके एजाज़ में वो नशिस्तें रखी जातीं जैसे क़तील शिफ़ाई, खुमार बाराबंकवी, कृष्ण बिहारी नूर। बज़्म को रौनक़ बख़्शाने के लिए गाहे-बगाहे संगीतकार नौशाद, मजरूह सुल्तानपुरी भी तशरीफ़ लाते थे। बज़्म की निज़ामत रईस बल्लवी बखूबी अंजाम देते।

ग़ौरतलब है कि रईसा को अलीगढ़ में छोड़ आया तो रईस को मुंबई में पाया। सच तो ये है रईसा की आवाज़ की खनक आज भी मेरी रूह की गहराई में पैबस्त है।

मुझे यहाँ तक लाने में मेरे बड़ों की दुआएं, छोटों की शुभकामनाएँ, शरीके-हयात की वफाएँ हर कदम मेरे साथ रही हैं। मेरी शायरी में बेहद ज़हीन बहना प्रेम बसन्त की भरपूर दाद और सुरेश वाडेकर की सुरीली आवाज़ शामिल है। मेरा सहायक सुशील कहता है कि वो मेरी शायरी का एडिक्ट है। भूषण चावला के पास मेरा पूरा बायोडाटा है। भूषण लखान्द्री कहता है दादा क्या कमाल का लिखते हैं आप। मेरी ताज़ातरीन रचनाओं के चश्मदीद गवाह हैं विविध भारती के वरिष्ठ उद्घोषक श्री किशन शर्मा। पत्रकार प्रमिला मेरे काव्य को उच्च कोटि का दर्जा देती हैं। इन रचनाओं को प्रेस तक पहुँचाने का उत्तरदायित्व धीरेन्द्र जैन ने बड़े उत्साह से निभाया है।

स्वर्गीय रामानंद सागर मुझे सरस्वतीपुत्र कह कर बुलाते तो राजकपूर जी शंकर जयकिशन और शैलेन्द्र मुझमें पाते। राजकुमार बड़जात्या मुझे संगीतकार पीछे गीतकार पहले तस्लीम करते हैं। हेमा मालिनी जी का तारीफ़ करने का अंदाज़ भी अलग है, वो कहती हैं कि मैं दादा की शायरी से मुतास्सिर तो हूँ मगर मुझे तारीफ़ करना नहीं आता। फ़िल्म निर्माता के. पी. सिंह साहब मेरे काव्य के दार्शनिक पक्ष से प्रभावित हैं। निर्माता निर्देशक नायक शिव कुमार मेरे शे'र सुन कर भावुकता से भर जाते हैं। अलीगढ़ के चमन क़ुरैशी और जगदीश बंसल मेरी सराहना करते नहीं थकते। कुछ ऐसे नाम भी हैं जिनका उल्लेख मैं न करूँ तो भी उन्हें यक़ीन है कि वो मेरी सोच में हैं, दिल में हैं, ज़ेरे लब हैं। ये कुछ ऐसे लोग हैं जिनका एहसान चुकाना नहीं बल्कि उठाना अच्छा लगता है।

दिव्या का ये कहना कि तुम्हें लोग गीतकार, संगीतकार, गायक के रूप में जानते हैं, तुम्हारी शायरी के पहलू से नावाकिफ़ हैं। इस पक्ष को उजागर करने के उसके ख़्वाब की ताबीर है ये ग़ज़लों का संग्रह जिसका नाम है 'दिल की नज़र से'। इसे मंज़र-ए-आम तक पहुँचा कर उसे यक़ीनन रूही मसर्रत होगी।

इससे पहले मेरी उर्दू ग़ज़लों का एक और मजमुआ 'उजालों का सिलसिला' नाम से शाया हो चुका है जिसमें ख़ास रहबरी फ़ौक़ जामी साहब की थी। उनकी मौजूदगी में एक और ऐसा काम जिससे आक़बत सँवर जाए यानी क़ुरआन शरीफ़ का शे'रो मंज़ूम तरजुमे का बिस्मिल्लाह हो चुका था जो अब जाकर अंजाम को पहुँचा है और मेरी इस काविश को कलमबंद कर काग़ज़ पर उतारने में तआ़वुन किया है राशिद कानपुरी ने। संयोग से मेरे साथ एक और राशिद है जो सागर आर्ट की देन है। ये दोनों राशिद मेरे दो फेफड़ों की तरह हैं जिनसे मैं आक्सीजन लेता रहता हूँ। ये दोनों जब घर चले जाते हैं तो सुरेश तिवारी की भूमिका शुरू होती है। न चाहते हुए भी उसे रात के 2 बजे तक जगाता हूँ, कभी रामायण, कभी गीता तो कभी श्रीमद्भागवत लिखवाता हूँ। मेरा निजी सचिव प्रमोद और मेरे स्टाफ के सारे सदस्य मेरे बच्चों की तरह हैं यानी ग़ज़ल के मिसरों की तरह। जैसे मिसरों के बिना ग़ज़ल मुकम्मल नहीं होती ऐसे ही उनके बिना मेरी दिनचर्या मुकम्मल नहीं होती।

इन्द्र-किरन परिवार जिसमें अब मैं बड़ा हूँ मेरे अग्रजों की संतानें, अनुज-अखिलेश, मणीन्द्र, विजय और उनके परिवार मेरी कला के समर्थक भी हैं, हितों के रक्षक भी और मेरे काव्य पर गर्वित भी। मेरी शायरी अगर शमा है तो मेरी सरचढ़ी

भतीजी दीप्ति और दिव्या की बहन और मेरी लाडली बिट्टू उसके परवाने हैं। मुझे इस किताब के लिखने का इनाम तब मिलेगा जब मेरा पुत्र आयुष्मान मेरी शायरी तक पहुँच पाएगा।

इस किताब की एक और बड़ी उपलब्धि है हिन्दी के सशक्त हस्ताक्षर सुप्रसिद्ध कवि श्री गोपालदास 'नीरज' जी का मेरे बारे में इज़हारे ख़याल। 'दिल की नज़र से' अब आपके सुपुर्द है। आप इसे प्यार की नज़र से देखेंगे तो एहसान होगा।

एक ज़र्रा हूँ मैं भूमि का
बस यही है मेरी भूमिका

भूमिका पर विराम लगा कर अब आप सबको अपनी रचनाओं की तरफ लिए चलता हूँ।

—रवीन्द्र जैन

जनवरी, 2014

इन्तेसाब

जिसने जीवन मेरे लिए जिया है
मेरे यश गौरव पर ध्यान दिया है
प्यार से सच्चाई से अदबी तोहफ़ा
दिव्य प्रिया दिव्या की नज़्र किया है

दो शब्द

गोपालदास 'नीरज'
(प्रसिद्ध हिन्दी कवि)

ग़ज़ल उर्दू काव्य की लोकप्रिय विधा है। इसने ग़मे-जानाँ से लेकर ग़मे-जहाँ तक का सफर बड़ी कुशलता से पूरा किया है। दुष्यंत कुमार की ग़ज़लों की लोकप्रियता देख कर के हिन्दी के बहुत-से गीतकार भी ग़ज़ल लिखने के लिए प्रवृत्त हुए और उनमें से कुछ ही लोग हैं जो ग़ज़ल के लहजे को सही रूप से पकड़ सके। ग़ज़ल एक काव्य की विधा तो है लेकिन साथ ही साथ वो एक तहज़ीब भी है। कैसे कब कहाँ क्या बोला जाए, क्या न बोला जाए, अगर ये सीखना है तो आपको ग़ज़ल के पास जाना पड़ेगा। ग़ज़ल अकसर होठों से कम आँखों से ज़्यादा बोलती है। यदि वो संकेतों की ज़बान आप नहीं समझते तो आप ग़ज़ल का आनन्द नहीं ले सकते। इसके साथ ही ग़ज़ल में दो-तीन गुण और होने चाहिए, पहला संक्षिप्तता, दूसरा शिष्टता, तीसरा साँकेतिकता, चौथा गेयता और साथ ही ग़ज़ल का लहजा। इन गुणों से परिपूर्ण ही कोई ग़ज़ल सही ग़ज़ल कही जा सकती है।

इन तत्त्वों के आधार पर जब हम श्री रवीन्द्र जैन की ग़ज़लों पर नज़र डालते हैं तो ये देख कर मुझे बड़ा आश्चर्य होता है जिसने कभी उर्दू ज़बान पढ़ी ही नहीं उसने कैसे ऐसी ग़ज़लें और ऐसे शे'र कहे हैं जो उस्तादों के द्वारा कहे जाते हैं। रवीन्द्र जैन के साथ ऐसा कैसे संभव हो सका है, इसके लिए हमें मानना पड़ता है कि प्रकृति जब किसी की कोई चीज़ छीन लेती है तो फिर उसे वो इन्द्रिय प्रदान करती है जिसे छठी इन्द्रिय कहते हैं। इसलिए जन्मान्ध होते हुए भी श्री रवीन्द्र जी ने बहुमुखी प्रतिभा के धनी बन कर कभी तो वे 'राम तेरी गंगा मैली' लोकप्रिय फिल्म के संगीत-निर्देशक बन कर चमके तो कभी 'रामायण' जैसे ग्रन्थ की प्रस्तुति अनुरूप दोहे रचकर विश्वप्रसिद्ध हुए। वे गायक भी हैं, रचनाकार भी हैं, गीतकार भी हैं, शायर भी हैं, कुल मिलाकर कहें तो वे बहुमुखी

प्रतिभा सम्पन्न व्यक्ति हैं। उनकी ग़ज़लों में उस्तादाना रंग दिखाई पड़ता है जैसे ये अशआर :

नमाज़े रब के मुक़र्रर हैं पाँच वक़्त मगर
नमाज़े इश्क बनी है हर एक पल के लिए

हर नई सुब्ह समझ पहला क़दम नींद के बाद
ज़िन्दगी नित नया लेती है जनम नींद के बाद

बेसबब कब जनाब पीते हैं मौक़ा मौक़ा शराब पीते हैं
जिनको रखना है वो हिसाब रखें रिन्द तो बेहिसाब पीते हैं

जैन साहब ऐसे रिन्द हैं जिन्होंने संगीत, ज्ञान और ध्यान, कलाओं की ऐसी मयकशी की है कि वे सचमुच एक ऐसे रिन्द बन गए हैं जो कि अपने कलाम के द्वारा तसव्वुफ़ तक पहुँच जाते हैं। मेरे विचार से तसव्वुफ़ ग़ज़ल की आख़िरी मंज़िल है इसलिए वे और उनका व्यक्तित्व लासानी हैं और उनके लिए कह सकता हूँ:-

तुम्हारे बाद हुआ तुमसा दूसरा न कोई
तुम्हीं बताओ कि रक्खें किसे बदल के लिए

ग़ज़ल की कोई भी बहर हो, छोटी बहर या बड़ी बहर, सब पर रवीन्द्र जी का पूर्ण अधिकार दिखाई पड़ता है। वे अपनी बात करते हुए कहते हैं :

कट गया जद्दो जहेद में चंद रोज़ा वो शबाब
वक़्ते पीरी में उमंगों पर शबाब आया तो क्या

मगर मैं कहता हूँ कि उनका ये शबाब हमेशा आफ़ताब या माहताब बन कर चमकता रहेगा और दुनिया को नई रौशनी प्रदान करता रहेगा। मैंने उनकी रिकार्ड की हुई सीडी भी सुनी है, जिसमें क्षिति जल पावक गगन समीर पर जो नज़्में हैं उनमें भी ग़ज़लों का रंग है।

मैं चाहूँ तो उनकी ग़ज़लों पर चर्चा करने के लिए सफ़े पर सफ़े लिख सकता हूँ लेकिन समयाभाव और स्वयं अस्वस्थ रहने के कारण इतना ही कह सकता हूँ कि श्री रवीन्द्र जैन अपने हर कार्य में श्रेष्ठतम हैं और मैं उनकी प्रतिभा को हृदय से प्रणाम करता हूँ।

जनवरी, 2014

●

दिल की नज़र से

बेकली, बेख़ुदी, बेबसी दे गया
कुछ नये तजरुबे अजनबी दे गया

आज ही उससे पहचान मेरी हुई
ज़िंदगी भर का रोग आज ही दे गया

सोचने के लिए पल की मोहलत न दी
जागने के लिए इक सदी दे गया

ले गया जानो दिल जिस्म से खींच कर
हां मगर रूह की ताज़गी दे गया

उसकी सौदागरी में भी इंसाफ़ था
ज़िंदगी ले गया ज़िंदगी दे गया

उसके आ जाने से हर कमी मिट गई
जाते जाते वो अपनी कमी दे गया

तेरी कुरबतों की ये हसीन शाम है
इस ग़ज़ल का लफ़्ज़ लफ़्ज़ तेरे नाम है

जान लेके ज़िन्दा करना जानती है तू
तेरे पास हर तरह का इन्तेज़ाम है

तेरी सादगी ने तुझको ख़ास कर दिया
तेरे हुस्ने पाक पाक को सलाम है

तेरे मयकदे का मैं अकेला रिन्द हूं
तू ही मेरा साक़िया है तू ही जाम है

कौन तेरी तरह आलमे तमाम में
ख़ुश नज़र है ख़ुश गुलू है ख़ुश कलाम है

ख़ूबियाँ बहुत सी हैं और ख़ासियत है ये
इतनी ख़ास हो के भी तू कितनी आम है

तेरी सोच तेरा ज़िक्र तेरी जुस्तुजू
रात दिन मुझे यही बस अब तो काम है

जिस की सदियों से तमन्ना थी वो लम्हों को मिला
ख़्वाब की तरह मेरी जागती आँखों को मिला

दिलरुबा अहले वफ़ा प्यार सदाक़त से भरा
चाहा कितनों ने मगर सोचिए कितनों को मिला

उसकी फुरक़त के बहाने से चलो रो तो लिए
रास्ता देर से ठहरे हुए अश्कों को मिला

दिल वो शीशा है जो टूटे से नहीं जुड़ने का
जोड़ने के लिए अब लाख तू टुकड़ों को मिला

मुझपे आके हुए ख़त्म उनके सभी तन्ज़ के तीर
एक मैं ही दिले सादा यहाँ लोगों को मिला

तू अमीरों की खुशामद से बचा के कुछ पल
क्या गरीबों से कभी ज़िन्दा ज़मीरों से मिला

ज़िन्दा रहने का हुनर तौर तरीक़ा तहज़ीब
पीढ़ी दर पीढ़ी बड़े बूढ़ों से बच्चों को मिला

अल्लाह रे किसी के लिए शब गुज़ारियाँ
तन्हाइयाँ चलाती हैं सीने पे आरियाँ

मौसम में बारिशों के वो हमसे हुए जुदा
आँखों से आज तक न गईं अश्कबारियाँ

क्या जानिए कि वादा करेंगे वो कब वफ़ा
अरमाँ-कदे में हसरतें बैठीं कँवारियाँ

कच्चे घड़ों पे चढ़के उतरता नहीं है रंग
रच के दिलों में रहती हैं बचपन की यारियाँ

जो करवटें बदलने से बिस्तर पे दर्ज हैं
उन सिलवटों से झाँक रहीं बेक़रारियाँ

मुँह मोड़ के चले गए क़ब्रों से कब के लोग
बैठे हुए हैं हम ही लिए वज़अदारियाँ

क़ीमत चुकाई शौक़ से इस अपने शौक़ की
ख़ुद से ख़रीदी हमने मुहब्बत में ख़्वारियाँ

जिन पर ग़ज़ल कहें वो बहाने नहीं रहे
वो हम वो हमनशीं वो ज़माने नहीं रहे

सच पूछिए तो जीने की लज़्ज़त ही लुट गई
जब से वो यार दोस्त पुराने नहीं रहे

वो साथ साथ थे तो नशा ही कुछ और था
उनसे बिछड़ के होश ठिकाने नहीं रहे

हो हाले दिल सुनाने में हामी हमारा कौन
आँखों में आँसुओं के खज़ाने नहीं रहे

चल और कोई शहर तलाशें कि अब यहाँ
हिस्से के दिन नसीब के दाने नहीं रहे

अब आ गई है ज़िन्दगी ऐसे मक़ाम पर
दिन रात तो वही हैं सुहाने नहीं रहे

तेरी चाहत में है राहत, तू मिले या न मिले
है बहुत तेरी मुहब्बत तू मिले या न मिले
ज़िन्दा रखने के लिए रौशनी देने के लिए
तेरी यादें हैं सलामत तू मिले या न मिले
मैंने इक बज़्म तसव्वुर की सजा रक्खी है
बज़्म में है तेरी शिरकत तू मिले या न मिले
मैं हूँ आशिक़ नहीं ताजिर कि गिनूँ सूद व ज़ियाँ
मुझसे होगी न तिजारत तू मिले या न मिले
इस पस-व-पेश में क्या तुझसे किनारा कर लूँ
साथ दे या न दे क़िस्मत तू मिले या न मिले
तेरे बख़्शे हुए हक़ जब मैं तुझे फेर चुका
तुझसे फिर कैसी शिकायत तू मिले या न मिले
मेरे पहलू में तू धड़के मेरी साँसों में बसी
तेरे एहसास की निकहत, तू मिले या न मिले
तूने खुद दस्ते मुबारक से लिखे थे जो खुतूत
उनकी रौशन है इबारत तू मिले या न मिले
मुझपे अल्लाह का अल्ताफ़ व करम हो कि न हो
मुझको करनी है इबादत तू मिले या न मिले

लुट गए हम वफ़ा की राहों में
मंज़िलें रह गईं निगाहों में

लौट आए शिकस्ता पा क्यों हम
क्या सदाक़त नहीं थी चाहों में

दो दो मौसम में जी रहे हैं हम
गर्म अश्कों में सर्द आहों में

वो किसी ग़ैर की है अब उसको
याद करना भी है गुनाहों में

इक हमारा भी नाम लिख लो तुम
इश्क़ के सैकड़ों तबाहों में

दिल न बदला न आशिक़ों का मिज़ाज
बैठ कर देखा दरसगाहों में

इश्क़ अज़ल से रहा फ़क़ीरों में
हुस्न अबद तक रहेगा शाहों में

बला का हुस्न, ग़ज़ब का शबाब नींद में है
तमाम जिस्म गुलिस्ताँ गुलाब नींद में है

उसे ज़रा सा भी पढ़ लें तो शायरी आ जाय
अभी गज़ल की मुकम्मल किताब नींद में है

मचल रही है मेरे दिल में दीद की हसरत
वो डाले चेहरे पे नीला नक़ाब नींद में है

वो नींद में है मगर नींद उड़ गई है यहाँ
सवाल जागा हुआ है जवाब नींद में है

चाह कर भी उसे न चाहा गया
वादा करके कहाँ निबाहा गया

जान दे दी वफ़ा परस्ती में
ये अमल भी कहाँ सराहा गया

साथ हम चलते थे क़दम ब क़दम
दूर कर के हमें दोराहा गया

बात कितने पते की कैसी खरी
कहके इक सन्त कवि जुलाहा गया

मेरे अश्कों पे मुस्कुराया वो
आह पर मेरी कह के आहा गया

ज़ख़्म तक दिल के कुछ गया तो ख़्याल
हाथ मेरा गया न फ़ाहा गया

हाए रे आशिक़ों की मजबूरी
चोट खा के भी कब कराहा गया

ज़रा देर पास रह के ज़रा दूर साथ चल के
वो बदल गया है मुझसे मेरी ज़िन्दगी बदल के

उन्हें कह दो वो खुशी अब, हुई ख़्वाब की सी दौलत
वो हुए रक़ीब मेरे, मेरी उस खुशी से जल के

मेरी दिलरूबा है कमसिन, उसे भेजनी हैं कलियाँ
है ये अर्ज़ बाग़बाँ से, कि हों रंग उनमें हलके

है तभी ये बात मुमकिन, कि मैं बुत का रूप धर लूँ
वहाँ कोई जाए छल के, यहाँ आँख भी न छलके

इन्हें तू कुबूल कर ले, तो ये पायें जावेदानी
तेरे पाए नाज़ पर हैं, रखे शेर इस ग़ज़ल के

फिरे राह से राह पर आते आते
किधर मुड़ गए वो इधर आते आते

कोई भी हुनर सब्र तालिब है यारो
कि आते शजर पर समर आते आते

मैं कितना ही जल्द आऊँ घर पर वो कहती
बड़ी देर की तुमने घर आते आते

ख़बर उड़ के आई थी आने की उनके
मगर उड़ गई वो ख़बर आते आते

निकाला ये सैय्याद ने बैर कब का
क़फ़स दे दिया बाल व पर आते आते

सजने लगे लबों पे तराने नये नये
आए हैं फ़स्ले गुल के ज़माने नये नये

बरसों में एक लम्हा मुलाक़ात का बना
उस पर तेरे हज़ार बहाने नये नये

हर दौर में नए गुलो बुलबुल जब आएंगे
वो भी यूं ही कहेंगे फसाने नये नये

राहे तलब में आया है फिर ऐसा इक मक़ाम
लगने लगे हैं दोस्त पुराने नये नये

अब कमान हो गई नज़रें बनी हैं तीर
वो साधने लगे हैं निशाने नये नये

ख़त छोड़ गया है न पता छोड़ गया है
गुज़रा हुआ वक़्त एक ख़ला छोड़ गया है

कुछ नींद सी आँखों में है बातों में है लग्ज़िश
वो सहबा सिफ़त कैसा नशा छोड़ गया है

दिल दे दिया हमने उसे पहलू से उठा कर
बदले में तड़प जैसा वो क्या छोड़ गया है

उम्मीद की कोई भी किरन जिससे न झाँके
वो हिज्र की कुछ ऐसी घटा छोड़ गया है

जिस ज़ख़्म की गहराई को हम भूल चले थे
उस ज़ख़्म को फिर करके हरा छोड़ गया है

दिले नादान को सौ तरह से समझाया है
ये वो ज़िद्दी है जो कुछ भी न समझ पाया है

करके ग़म उसने अता मुझसे ये फ़रमाया है
तेरे हिस्से में यही क़ीमती सरमाया है

बैठे बैठे ये तुझे किसका ख़याल आया है
क्या कहीं तेरा कोई हमदम व हमसाया है

हाय अरमान का उम्मीद का हसरत का निचोड़
खून बनकर मेरी आँखों में उतर आया है

वो जिसे मैंने मुहब्बत का खुदा समझा था
उसने सजदा मेरा बेरहमी से ठुकराया है

मय तो कुछ और बढ़ा देती है ग़म की शिद्दत
ग़म ग़लत करने ग़लत चीज़ को अपनाया है

जब सफ़र करना हमें इक नाव में
बेरुख़ी फिर किस लिए बरताव में
	जा बजा मैं तो बिखरता ही रहा
	तूने बाज़ी मार ली ठहराव में
जो हमें होता है अपनों से नसीब
एक जैसी टीस हर उस घाव में
	फ़ासले कितने ही बढ़ जाएं मगर
	फैसला अच्छा नहीं है ताव में
मौत दोबारा नहीं आती कि वह
छीन लेती ज़िन्दगी इक दाव में
	जिस्म में है रुह पर शामिल नहीं
	वो कहीं भी जिस्म के बदलाव में
किस तरह कश्ती किनारे पर लगे
नाख़ुदा पड़ जाए गर भटकाव में
	सामने वालों को हो मंजूर क्यूँ
	शर्त रक्खी हो अगर प्रस्ताव में

क्यों तेरे रुख़ में बरहमी आई
क्या मेरी चाह में कमी आई

ले गई फ़स्ले गुल के साथ विदा
गो मुसर्रत भी मौसमी आई

मेरी आँखों से मसलेहत लेकर
अब की बरखा थमी थमी आई

हम भी अहदे वफ़ा से फिर जाते
रीत हमको न आलमी आई

आह व ज़ारी ने काम कर ही दिया
एक पत्थर में भी नमी आई

इश्क ने सारे बांध तोड़ दिए
जब कभी बाढ़ बाहमी आई

उम्र ना पायदार दुनिया में
किसके हिस्से में दायमी आई

लोग हैरत से रह गए तकते
उसपे रंगत जो गंदुमी आई

क्या फ़रिश्ते कि तुझको अपनी भी
क़द्र करनी न आदमी आई

तुझ से पहले भी थे कई दुश्मन
तू मिली नींद की नई दुश्मन

चैन पाने को तुझको चाहा था
चैन की तू भी बन गई दुश्मन

दर्द हमदर्द बन जो दे जाएं
उनसे अच्छे हैं निर्दयी दुश्मन

जो न लगने दें दुश्मनी का पता
हैं वही दोस्त वाक़ई दुश्मन

फ़िक्र है नाम मेरे दुश्मन का
ये नहीं कोई चम्पई दुश्मन

छोड़ कर जाने दे न रहने दे
दोस्त है या कि मुंबई दुश्मन

बेरुख़ी अच्छी नहीं बीमार से
जान लेना है तो ले ले प्यार से

देख तेरी अजनबीयत के सबब
फिर न जाऊँ मैं किसी इक़रार से

तेरी जानिब से कोई ना है न हाँ
कब तलक बातें करुँ दीवार से

मुख़तलिफ़ बीमारियों की शक्ल में
दावतें देता है वो उस पार से

कर दिया जो उस निगाहे नाज़ ने
वार वो मुमकिन कहाँ तलवार से

अब क़यामत पर ही जाकर लेगा दम
चल रहा है वक़्त जिस रफ़्तार से

तुझको आना था न आया तेरा ख़्वाब आया तो क्या
छत पे तेरा चेहरा लेकर माहताब आया तो क्या

ख़त तुझे लिख कर जवाबी, हो गये जब ना उमीद
तेरे घर से फिर जवाबे लाजवाब आया तो क्या

दर पे देके दस्तकें जाती रहीं जब फ़स्ले गुल
फिर गुलों का इम्तियाज़ो इन्तेख़ाब आया तो क्या

अपनी क़िस्मत में लिखी थी रोज़े अव्वल से फ़ना
आदमी दुनिया में, पानी में हुबाब आया तो क्या

जल्द हो जाए जवाँ वो जिसके हक़ में की दुआ
हम से ही लेकर हिजाब उस पर शबाब आया तो क्या

हमको आदत पड़ गई उस चश्मे अंगूरी की जब
साक़िया फिर लेके तू जामे शराब आया तो क्या

कट गया जद्दो जहद में चंद रोज़ा वो शबाब
वक़्ते पीरी में लहू में इन्क़लाब आया तो क्या

यूँ ज़माने से क्यूँ ख़फ़ा हो तुम
क्या अकेले ही ग़मज़दा हो तुम

अशरफुल मख़लूक़ात हो कर भी
तुमने सोचा कहाँ हो क्या हो तुम

गर्ज़ ने तुम में की वफ़ा पैदा
या हक़ीक़त में बावफ़ा हो तुम

इतने नबियों के वहियों के होते
फिर जेहालत की इन्तेहा हो तुम

क्यूँ गुनाहों से इस क़दर है गुरेज़
आदमी हो कि देवता हो तुम

ढूँढते अपने वास्ते खुशियाँ
किसकी खुशियों का वास्ता हो तुम

खुद पे तफ़्सीर करके क्या होगा
हो चुका जो वो हादसा हो तुम

इश्क में इम्तेहान दे देंगे
मिस्ले परवाना जान दे देंगे
हम फ़क़ीरों को कुछ मिले तो सही
तेरे शायाने शान दे देंगे
दिलबरी का शऊर आने दे
धड़कनों को ज़बान दे देंगे
क्या ख़बर तुझको ये तेरे आदाब
क्या क्या वहम व गुमान दे देंगे
हम तो ख़ुद ही ज़मीन के ज़र्रें
क्या किसे आसमान दे देंगे
हम हुए पेड़ तो मुसाफ़िर को
धूप में सायबान दे देंगे
दूर तर मंज़िलों की सोची तो
रास्ते ही थकान दे देंगे
उसको ख़ाली करा के दुनिया से
तुझको दिल का मकान दे देंगे
बस में होता तो हम ये कह देते
तुझको दोनों जहान दे देंगे

उससे सुन कर नई नई बातें
ज़ेरे लब रह गईं कई बातें

कर गईं ज़हेन व दिल में घर गोया
काली आँखों की सुरमई बातें

दिन तो सब चल दिए छुड़ा के हाथ
याद आती रहीं गई बातें

कितने अंजान थे हम और उसकी
कितनी सच्ची थीं वाक़ई बातें

कमसिनी थी तो किस क़दर सबको
लुत्फ़ देती थीं लुकनई बातें

जून में जल्द आएगी बारिश
कह गई कान में मई बातें

चाँद से रात भर उतरती हैं
किरनें बन बनके नुक़रई बातें

साथ यूँ उड़ गईं हवाओं के
गोया सारी थीं बरगई बातें

सुनी तो है मगर देखी नहीं है,
खुशी इस राह से गुज़री नहीं है।

उजड़ती बसती रहती है ये दुनिया,
किसी की ला फ़ना हस्ती नहीं है।

यहाँ है कौन सा दिल ग़म से ख़ाली,
जिगर किसका यहाँ ज़ख़्मी नहीं है।

मये कौसर से जो पैमाना भर दे,
यहाँ ऐसा कोई साक़ी नहीं है।

ग़रज़मन्दी समझ बैठे जिसे वो,
हलीमी इस क़दर अच्छी नहीं है।

जतन से खुद ही खुद्दारी संभाली
किसी क़ीमत अना बेची नहीं है।

कर लिया काम ग़ैर मुमकिन भी
ज़िन्दगी काट ली तेरे बिन भी

बोझ में जो पहाड़ से भारी
हमने देखे यहाँ पे वो दिन भी

तुझको भूलूँ तो किसको याद रखूँ
तू मेरा दोस्त भी है मोहसिन भी

बेरुख़ी तेरी जितनी ज़हरीली
शायद उतनी न होगी नागिन भी

अपनी महरूमियों को रोता है
जो अताएँ हुईं उन्हें गिन भी

ज़िन्दगी से न यूँ चिपक के बैठ
ये तो छिन जाएगी किसी छिन भी

वो क़सम लेके दे गया वादा
लेकिन उस वादे में है लेकिन भी

दर्द हमबिस्तर है हम बिस्तर पे हैं
कैद में बेचारगी की घर पे हैं

जिस्म साकित दिल बुझा सा आँख नम
कुछ बलाएँ नागहानी सर पे हैं

कौन पेशानी का है पेशीन गो
जो कहे क्या लेख इस पत्थर पे हैं

क्या बताऊँ बोझ कितने इन दिनों
मेरे हमराही मेरे हमसर पे हैं

ख़ैर मक़दम उनका भी हमने किया
दस्तकें जिन गर्दिशों की दर पे हैं

हम हैं खुश किस्मत दुआओं वाले हाथ
हाथ पर हैं पुश्त पर हैं सर पे हैं

सब्र करना ही मुनासिब है कि सब
फैसले उस मुन्सिफ़े बरतर पे हैं

इश्क़ में दिल पे इख़्तियार कहाँ
दिल को बे इश्क़ भी क़रार कहाँ

चन्द शाख़ें लदी हैं फूलों से
सारा गुलशन है लाला ज़ार कहाँ

हमने तो झूठ को भी सच माना
उनको सच पर भी एतबार कहाँ

जाने वो कौन से मुक़ाम पे है
हम रहे हैं उसे पुकार कहाँ

इस तरफ से कहाँ गुज़र उसका
हम भी करते हैं इंतज़ार कहाँ

ख़्वाब की सी है दास्ताँ सारी
हम कहाँ, घर कहाँ, बहार कहाँ

जान यारों पे हम लुटाते हैं
यार पायेंगे हम सा यार कहाँ

दिल वो हँस के हँसा के ले जायें।
हम कहाँ तक बचा के ले जायें।।

जुल्फ़ की पेंचदार वो गलियाँ।
राहियों को भुला के ले जायें।।

उनकी आँखें फ़रिश्ते मौत के हैं।
जिसको चाहें उठा के ले जायें।।

कभी खुश हो के लें मताए सुकूँ।
कभी त्यौरी चढ़ा के ले जायें।।

उनकी पलकों के तीर अरे तौबा।
हौसले सनसना के ले जायें।।

उन लबों पर है मोजज़न संगीत।
जान तक गुनगुना के ले जायें।।

चेहरा सागर सुराही सी गर्दन।
दीन व ईमाँ चुरा के ले जायें।।

उनसे मुमकिन कहाँ दुपट्टे में।
वो जवानी छुपा के ले जायें।।

हो कमर तो कमर का ज़िक्र करें।
नज़रें उससे हटा के ले जायें।।

पा-ए-नाज़ुक बढ़ें तो दुनिया को।
साथ में हश्र ढा के ले जायें।।

साथ चलना जो उनको हो मंज़ूर।
हम तो आँखें बिछा के ले जायें।।

वो सरापा तिलिस्म जाने कब।
किसको जादू जगा के ले जायें।।

इतना हमने कहा, अब अन्दाज़ा।
आप भी कुछ लगा के ले जायें।।

हम ख़ूब जानते हैं तुझे हुस्ने शर पसन्द।
पर इसका क्या इलाज हो तू ही अगर पसन्द।।

सारे जहाँ में सब से हसीं है वही हसीं।
दिल जिसको मान ले जिसे कर ले नज़र पसन्द।।

सब जुस्तुजू में हैं यहाँ लेकिन बक़द्रे ज़ौक़।
सेहरा किसी को और किसी को है घर पसन्द।।

हैं और भी मक़ाम इबादत के वास्ते।
क्या कीजिये जबीं को हो गर उसका दर पसन्द।।

नज़रें अलग अलग हैं तबीअत जुदा जुदा।
होती नहीं है एक सी दुनिया में हर पसन्द।।

वादों का पास है ये रवायत है रस्म है।
वरना करे है कौन किसे उम्र भर पसन्द।।

जब चाहे जिससे चाहे जहाँ चाहे छीन ले।
ऐ मौत! ज़िन्दगी है तुझे किस क़दर पसन्द।।

फैलते जाते हैं चर्चे तेरे ख़ुशबू की तरह।
और लोगों पे असर करते हैं जादू की तरह ।।

इसमें कुर्बत भी है अधिकार भी अपनापन भी।
आप और तुम में भला बात कहाँ तू की तरह।।

अपने माज़ी पे भी कर लीजिये नज़र-ए-सानी ।
ज़िन्दगी के किसी छोड़े हुये पहलू की तरह।।

ग़म का पलड़ा कभी भारी है कभी खुशियों का।
ज़िन्दगी अपनी गुज़रती है तराजू की तरह।।

सब ज़बानों के हैं लाल-व-गोहर अपने अपने।
रौशनी सब में कहाँ है मगर उर्दू की तरह।।

तर्जुमा कैफ़ियते दिल का मुकम्मल अब तक।
कोई भाषा नहीं कर पायी है आँसू की तरह ।।

मेरे संगीत से पत्थर नहीं पिघले न सही।
बावरा मैं भी हूँ संगीत में बैजू की तरह ।।

पहले मैं कहता था अब मेरे लिये कहते हैं लोग।
ये वही है कि जो बजता रहा घुंघरू की तरह।।

उम्र का साथ निभाया है इस अन्दाज़ के साथ।
जैसे करता हो वफ़ा कोई दग़ाबाज़ के साथ।।

रात आराम से गुज़री हो कि दुश्वारी से।
हर सहर उड़के चले हम नई परवाज़ के साथ।।

हार के टूट के पहले ही क़दम पर गिर जाँय।
हम अगर जोड़ लें अंजाम को आग़ाज़ के साथ।।

मैं नहीं शाहजहाँ, पर ये तमन्ना है ज़रूर।
दफ़्न कर देना मुझे भी मेरी मुमताज़ के साथ।।

नग़मा व शेर के संगम पे नहा ले दुनिया।
मेरे अशआ़र सुने गर तेरी आवाज़ के साथ।।

नाज़ बर्दारियाँ उस शोख़ की अल्लाह अल्लाह।
फूल क़दमों पे बिखरते हैं बड़े नाज़ के साथ।।

नग़मा दिलकश हो तो हर तरह असर करता है।
चाहे आवाज़ के हमराह हो या साज़ के साथ।।

मोहब्बत फ़िल्ला गर भी ज़हर खू भी।
ये मांगे जान भी दिल भी लहू भी।।

संभल के उनसे कर अर्ज़े तमन्ना।
न जाये इल्तेजा से आबरू भी।।

वह जिसकी जुस्तुजू में उम्र गुज़री।
नहीं बाक़ी अब उसकी आरजू भी।।

मआ़ज़ अल्लाह ये अन्दाज़े तकल्लुफ़।
वह हमसे दूर भी है रू ब रू भी।।

हमें हर हर क़दम ग़म देने वाले।
कभी हाले ग़मे दिल पूछ तू भी।।

गुलों का रंग ही कुछ और होता।
जो रहती रंग के हमराह बू भी।।

खुशबयाँ खुशरंग, खुशख़ू, खुशनज़र, खुशदीद है
खूबियों का आईना वो मरकज़े उम्मीद है।।

गुलबदन, गुलरूख़, गुलअशाँ गुलबदामाँ गुलसिफ़त
लाला-व-गुल से अयाँ उस हुस्न की ताईद है।

हमज़बाँ, हमशुग्ल, हमआहंग, हमसिन, हमनशीं
बेतकल्लुफ़ उसकी हस्ती बे ग़मे तनक़ीद है।।

दिलतलब, दिलआशना, दिलशाद, दिलबर, दिलनवाज़
दिल की होली, दिल की दीवाली, वो दिल की ईद है।।

ज़िन्दा जादू, ज़िन्दा फ़न, ज़िन्दा ग़ज़ल, ज़िन्दा मिसाल
मसदरे महताब है, सर चश्मा-ए-खुर्शीद है।।

वो हक़ीक़त, वो सदाक़त, वो मोहब्बत, वो वफ़ा
उसका हर अफ़साना अफ़साने की इक तमहीद है।।

आज से वो भी पराई है दुख इस बात का है
ज़िन्दगी भर की जुदाई है दुख इस बात का है

आँख मेरी ही नहीं छलकी बवक़्ते रुख़सत
आँख उसकी भी भर आई है दुख इस बात का है

आतिशे हिज्र में दिल जलता था और ऊपर से
आग बारिश ने लगाई है दुख इस बात का है

इश्क़ गर नींद उड़ाता तो मुसर्रत होती
नींद रोगों ने उड़ाई है दुख इस बात का है

आम सी चीज़ है इक रस्मे वफ़ा उलफ़त में
हमसे वो निभ नहीं पाई है दुख इस बात का है

ग़ैर की बज़्म में चर्चे से सरोकार नहीं
बात अपनों ने बढ़ाई है दुख इस बात का है

दोस्त अहबाब की हर तरह भलाई करके
अपने हिस्से में बुराई है दुख इस बात का है

जिसके आने से कोई ग़म नहीं रहता बाक़ी
वो भी अब तक नहीं आई है दुख इस बात का है

रस्मन मिलना जबरन हँसना हासिल क्या इन बातों से
जी बहलाया भी तो कहाँ तक बहलेगा इन बातों से

गुल न चुने सपने न बुने नग़मे न सुने कभी बुलबुल के
दर से बहारें लौट गई हैं होके ख़फ़ा इन बातों से

दीद की हसरत वस्ल का अरमाँ पाने की धुन डर खोने का
इश्क़ को हम बेलौस कहें गर हो ये जुदा इन बातों से

मुँह देखे का प्यार मुहब्बत बेगानापन अपनों का
इक दिल जो आईना सिफ़त था टूट गया इन बातों से

पीछे वाले आगे बढ़ गए बेच अना खुद्दारी को
बैठा रहा वो एक तरफ़ जो बँध के रहा इन बातों से

रब को नबियों को वहियों को महशर को तस्लीम करो
सब्र व सजदा, शुक्र, हलीमी, खुश हो खुदा इन बातों से

कभी किया न अमल जो, चलो वो अब कर लें
चराग़े नव से नई रौशनी तलब कर लें

ये नौनिहाल कि जो हाल के नुमाइंदे
हम इनकी फ़िक्र को तस्लीम बा अदब कर लें

हमी हम अपनी सुनाते रहे हैं निस्फ़ सदी
सुनें सभी की मुकफ़्फ़ल कुशादा लब कर लें

दिमाग़ ख़ुद को न दोहराए बे ख़याली में
ज़रा सा ठहरें कि तनक़ीद हम पे सब कर लें

ये जाँनशीन हमारे हैं कोई ग़ैर नहीं
इन्हें भी मौक़ा दें ये ख़ुद को ख़ुश लक़ब कर लें

सभी हैं साथ तो तक़सीम हो बराबर काम
हमारे बस में कहाँ काम सबके सब कर लें

एक दिन कहने लगा वो हाथ लेकर हाथ में
हाथ में क़िस्मत लिखी क़िस्मत नहीं पर हाथ में

धूप हो बरसात हो रस्ता हो या कोई पड़ाव
हाथ उस हमदम का कल तक था बराबर हाथ में

जिसकी ख़ातिर ज़िन्दगानी ख़ारज़ारों में कटी
क़ब्र पर लाया वही फूलों की चादर हाथ में

जैसे मुझसे अब उसे कोई तअल्लुक़ ही नहीं
ऐसे उस बेरुख़ के अब गुल है न पत्थर हाथ में

हाथ में और पाँव में इक रब्ते बाहम है ज़रूर
पाँव को लगती है वो लिक्खी जो ठोकर हाथ में

सब यहाँ एक कहानी लाए,
दिल में ग़म आँख में पानी लाए।

हम भी क्या लाए अज़ल से आख़िर,
उम्र लाए भी तो फ़ानी लाए।

होश हर शय को ज़ईफ़ी बख़्शे,
जोश हर शय पे जवानी लाए।

क्यों दुखाए किसी का दिल इन्सान,
क्यों कोई तल्ख़ बयानी लाए।

क़द्र दुनिया ने न जानी उनकी,
जो यहाँ दिल की निशानी लाए।

बात वो जिसको ज़माना समझे,
लफ़्ज़ वो जो कि मआनी लाए।

आदमी अपने अलावा हर शय,
बेच लेगा जो पुरानी लाए।

गिला न करना बुझे गर कोई नज़र पहले।
कि ख़त्म होगा किसी एक का सफ़र पहले।।

जुदा हुए तो ये समझे कि हम जुदा भी हैं।
वगरना क्या है जुदाई न थी ख़बर पहले।।

अगर है तालिबे मन्ज़िल रहे वफ़ा में तू।
मक़ामे दर्द पे कुछ देर फिर ठहर पहले।।

हदों में और ही कुछ हैं मज़े मुहब्बत के।
ये राज़ हमको बताता कोई मगर पहले।।

रिफ़ाक़तें हों जहाँ बेग़रज़ वहाँ अकसर।
दुआएँ बाद में होती हैं और असर पहले।।

हँसी थी रंग था उम्मीद थी तमन्ना थी।
ये मेरे शेर न थे आँसुओं से तर पहले।।

घरों में दिल भी मिलेंगे तुझे मगर ऐ दोस्त।
बना सके तो बना तू दिलों में घर पहले।।

शजर लगाता चला जा तू फल की आस न रख।
मिलेगा काम का फल, फल का काम कर पहले।।

न जीने देगा बुरे काम पर ज़मीर तेरा।
खुदा से बाद में डरना तू खुद से डर पहले।।

बह के जज़्बात की मौजों में तुम ऐसा न करो
एक मरते हुए इंसान से रिश्ता न करो

थाम कर हाथ मेरा कुछ भी न हाथ आएगा
तुम समझदार हो नुक़सान का सौदा न करो

ज़िन्दगी कर चुकी बेदख़्ल मुझे अब यारो
जीने वालों में मेरे नाम का चर्चा न करो

मैं भी मजबूर हूँ वादे से मुकरने के लिए
तुम भी आज़ाद हो पूरा कोई वादा न करो

तुमसे मिलता हूँ तो फिर जीने को जी करता है
हाल पर मेरे मुझे छोड़ दो आया न करो

वो खुदा साथ मेरा छोड़ चुका है कब का
तुम सिफ़ारिश मेरी अब उससे खुदारा न करो

मुझको जीने की दुआ देना सज़ा देना है
पूरी जो हो नहीं सकती वो तमन्ना न करो

अच्छा करने से भी अच्छा नहीं मैं हो सकता
मेरे हक़ में यही अच्छा है कि अच्छा न करो

इस बार तो निबाह लिया ज़िंदगी के साथ।
आईन्दा वास्ता न पड़े फिर इसी के साथ।।

मैं ज़िंदगी पुकारूँ कि आतिश कहूँ इसे।
जल जल के जी रहा हूँ नसीबों जली के साथ।।

होती नहीं हैं मंज़िलें सबके नसीब में।
मंज़िल किसी के साथ है रस्ता किसी के साथ।।

अंबार किसको मिलता है खुशियों का दहर में।
कट जाती है हयात किसी इक खुशी के साथ।।

महरूमियाँ हैं, रंज हैं, आँसू हैं, ज़ख़्म हैं।
जो उसकी बख़्शिशें हैं मैं खुश हूँ उन्हीं के साथ।।

हम उसके इंतेख़ाब पे तनक़ीद क्या करें।
मंज़ूर उसने हमको किया है कमी के साथ।।

यूँ ज़िन्दगी के साथ चला जा रहा हूँ मैं।
ज्यूँ अजनबी सफ़र में किसी अजनबी के साथ।।

ग़रज़ ने राबता पैदा किया है।
ज़रूरत ने हमें यकजा किया है।।

वो रिश्ता रूह का या जिस्म का हो।
हर इक रिश्ते में इक सौदा किया है।।

कभी ग़फ़लत कभी मजबूरियों से।
यहाँ क्या क्या हुआ, क्या क्या किया है।।

शिकायत हमने कब की है किसी से।
बस अपने आप से शिकवा किया है।।

वो क्या ठहरेगा दुनिया के मुक़ाबिल।
जो अपने आप से भागा किया है।।

किया है क्या किसी को क्या बतायें।
कि जो हरगिज़ न था करना किया है।।

जो अच्छे हैं उन्होंने साथ सब के।
अमल अच्छा सलूक अच्छा किया है।।

आह की फ़रियाद की ग़म की निगेहबानी के साथ
जिंदगी हमने गुज़ारी ख़न्दा पेशानी के साथ

मुस्करा कर जिस तरह की हमने महरूमी कुबूल
अपना हक़ यूँ छोड़ता है कौन आसानी के साथ

जब मिले, जिससे मिले, हर हाल में यकसाँ मिले
वज़अदारी भी रही क़ायम परेशानी के साथ

गर्दिशें बरबाद करने पे रहीं कोशाँ मगर
हम रहे आबाद अपनी ख़ानावीरानी के साथ

चंद साँसों के लिये मिन्नत मसीहा की करें
इस जहाँ से कूच हो वह भी पशेमानी के साथ

क्या बदलते वक़्त ने बदली मेरी पहचान भी
क्यों मुझे यूँ देखते हैं लोग हैरानी के साथ

नज़र खुद पर भी डालें उसको कुछ कहने से क्या होगा।
अगर हरजाई हम होंगे तो वो भी बेवफ़ा होगा।।

मोहब्बत दोस्तो रहती है ज़िन्दा रब्ते बाहम से।
अकेले हाथ से ताली नहीं बजती सुना होगा।।

गुज़ारी उम्र हमने आपकी एहसाँ शुमारी में।
शिकायत जिसने की होगी वो कोई दूसरा होगा।।

तमन्ना, आरज़ू, उम्मीद, धड़कन, दर्द, बेचैनी।
ये सब यकजा हुये होंगे तो अपना दिल बना होगा।।

हक़ीक़त कौन समझेगा मेरे महफिल से उठने की।
किसी ने कुछ कहा होगा, किसी ने कुछ कहा होगा।।

तकब्बुर ज़िन्दगी भर करने वाले याद रख इतना।
वो दिन भी आयेगा जब साज़े हस्ती बे सदा होगा।।

वो बिन बोले जो सब समझे वो बिन मांगे जो सब कुछ दे।
वो इन्साँ हो नहीं सकता यक़ीनन वो खुदा होगा।।

नज़र से नज़र का तसलसुल न टूटे।
इधर से उधर का तसलसुल न टूटे।।

सनम हो ख़ुदा हो कहीं सर झुका हो।
जबीं और दर का तसलसुल न टूटे।।

कवाकिब की गर्दिश का मक़सद यही है।
मुसलसल सफ़र का तसलसुल न टूटे।।

कशिश जाने रखते हैं क्या चार तिनके।
क़फ़स में भी घर का तसलसुल न टूटे।।

ये चाँद और सूरज इसी वास्ते हैं।
कि शाम व सहर का तसलसुल न टूटे।।

न टूटे तसलसुल क़दम और डगर का।
ये है उम्र भर का तसलसुल न टूटे।।

रहें तालिबे इल्म हम ज़िन्दगी भर।
ये इल्म व हुनर का तसलसुल न टूटे।।

जीने का कोई और ही ढब सोच रहे हैं।
अब तक तो नहीं सोचा था अब सोच रहे हैं।।

उम्मीद, वफ़ा, दोस्ती, तक़दीर, मोहब्बत।
रास आया न जब कोई भी तब सोच रहे हैं।।

क्या वज्ह थी नासेह की नसीहत के मुख़ालिफ़।
क्यों हमने चुनी राहे तलब सोच रहे हैं।।

कह दे कोई उनसे कि अभी याद न आएँ।
हम अपनी तबाही का सबब सोच रहे हैं।।

दिल जा चुका अब जान के जाने की है बारी।
नादान हैं किस बात पे कब सोच रहे हैं।।

वाक़िफ़ नहीं इक हम ही ज़माने के चलन से।
वरना यहाँ अंजाम पे सब सोच रहे हैं।।

तमाम रिश्तों से नातों से कट गया हूँ मैं,
निकल के दुनिया से खुद में सिमट गया हूँ मैं।

किसी की चाह न बाक़ी, न राबता बाक़ी,
तलब की राह से अब दूर हट गया हूँ मैं।

ये रौशनी तो दिया बुझने के क़रीब की है,
दिये के तेल सा घट-घट के घट गया हूँ मैं।

पलट के जाना था इक दिन ख़ुदा की सम्त मुझे,
कि आज ही से उधर को पलट गया हूँ मैं।

किसी भी शक्ल में घर लौटना नहीं मुमकिन,
हज़ारों, लाखों, करोड़ों में बट गया हूँ मैं।

यूँ तो मिलने को हम सभी से मिले
ज़िन्दगी भर न ज़िन्दगी से मिले।

कीजिए रुख़ न बेरुख़ों की तरफ़।
उससे मिलिए कि जो ख़ुशी से मिले।।

हम मिले जिनसे सादा दिल लेकर।
लोग हमसे वही कजी से मिले।।

जिनसे मिलना था उनसे मिल न सके।
ग़म ज़रूर उनकी दोस्ती से मिले।।

सच कहें तो दुआओं के गौहर।
हमको दस्ते बुजुर्ग ही से मिले।।

वो मिला हमसे पर मिला ऐसे,
अजनबी जैसे अजनबी से मिले।

देखने में वो आदमी जैसा,
उसकी हस्ती मगर वली से मिले।

अहदे पीरी है अब शबाब कहाँ,
इस हक़ीक़त के पास ख़्वाब कहाँ।

ये ज़ईफ़ी का जाम है इसमें,
आब ही आब है शराब कहाँ।

आईना बोलता है सच लेकिन,
सच को सहने की सबमें ताब कहाँ।

हम भी अहले गुलाब थे बरसों,
आज दामन कहाँ गुलाब कहाँ।

इसके सफ़हात अब हैं सूने से,
उम्र-ए-रंगी की वो किताब कहाँ।

सारी दुनिया को रौशनी देता,
एक ही साथ आफ़ताब कहाँ।

तेरे अशआ़र क्यों बुझे से हैं,
खो गया उनका इंक़लाब कहाँ।

मुनासिब है तेरा शिकवा बजा है मेरी मजबूरी
मगर क्या उसका चारा दरमियाँ जो बढ़ रही दूरी

मुक़द्दर की अताओं का मिला इकराम दोनों को
तुझे बख़्शी है महरूमी मुझे दे दी है बेनूरी

सिवा अल्लाह के शाहिद नहीं कोई वफ़ाओं का
किसे शाहिद रखें हम तालिबे अहले वफ़ा जूरी

जो रिश्ता हम बनाते हैं हमें मंज़ूर है कह कर
वो इक परवान चढ़ता है फिरे जब वक़्ते मंज़ूरी

रगे जाँ में तू पिन्हाँ और साँसों में महकता है
तुझे बाहर मैं ढूँढूँ यूँ हिरन ज्यूँ ढूँढे कस्तूरी

अब रंज से ख़ुशी से बहार व ख़िज़ाँ से क्या
महवे ख़याल-ए-यार हैं हमको जहाँ से क्या

कोई चले चले न चले हम तो चल पड़े
मंज़िल कि जिसे धुन हो उसे कारवाँ से क्या

उनका ख़याल उनकी तलब उनकी जुस्तुजू
जिस दिल में वो हों यारो किसी मेहरबाँ से क्या

हमने चराग़ रख दिया तूफाँ के सामने
पीछे हटेगा इश्क़ किसी इम्तेहाँ से क्या

दिल भी वहीं झुका है जबीं भी वहीं झुकी
इक दर से वास्ता है यहाँ से वहाँ से क्या

आँखों से जो बयाँ है अयाँ चेहरे से जो बात
कहनी पड़ेगी वो भी हमें अब ज़बाँ से क्या

कुछ इन्तज़ाम करो आज ही से कल के लिए
कि बीज बोए बिना कैसी आस फल के लिए

सजा के ख़्वाब न ताबीर की उमीद रखो
कभी तो दस्ते अमल भी उठे अमल के लिए

नमाज़े रब के मुक़र्रर हैं पाँच वक़्त मगर
नमाज़े इश्क़ बनी है हर एक पल के लिए

तुम्हारे बाद हुआ तुमसा दूसरा न कोई
तुम्ही बताओ कि रक्खें किसे बदल के लिए

सफ़र हयात का बस हो गया वहीं पे तमाम
ये दिल का राही जहाँ ठहरा कोई पल के लिए

पुराने दर्द नए शेर दे नहीं सकते
हैं ताज़ा ज़ख्म ज़रूरी नई ग़ज़ल के लिए

सबको रूदाद सुनाने की ज़रूरत क्या है
इतनी हमदर्दी कमाने की ज़रूरत क्या है
इश्क़ माँगे है लहू दिल का कलेजे का गोश्त
ऐसे पंछी को सिधाने की ज़रूरत क्या है
जो किसी रस्म को जाने, न जो हमराह चले
रस्म व राह उससे बढ़ाने की ज़रूरत क्या है
वो अगर दुनिया से डरता है तो घर में बैठे
उसको घर जा के मनाने की ज़रूरत क्या है
आगे बढ़ जाए ज़माना उसे पीछे करके
जो नहीं जाने ज़माने की ज़रूरत क्या है
मुश्किलें उलझनें मजबूरियाँ क्या हैं उसकी
इसका अन्दाज़ा लगाने की ज़रूरत क्या है
आते जाते रहे सब, पर ये मोअम्मा न खुला
किस लिए आए हैं जाने की ज़रूरत क्या है
लौट कर जाना है जब एक इलाही के यहाँ
फिर किसी और ठिकाने की ज़रूरत क्या है

अपने अन्दाज़ से हर एक ने कोशिश की है।
हाँ मगर वक़्त ने कब सब पे नवाज़िश की है।।

जब क़दम अपने उठे हैं किसी मंज़िल की तरफ़।
कभी दुनिया, कभी तक़दीर ने साज़िश की है।।

उसके हिस्से में सताइश भी है झूटी जिसने।
कुछ नहीं करके तमन्नाए सताइश की है।।

दो घड़ी के लिये मिलना है मिलो हँसहँस कर।
भूल भी जाओ उसे बात जो रंजिश की है।।

चाहे दुनिया सही बेदादगरों की बस्ती।
करने वालों ने मोहब्बत की ही बारिश की है।।

इससे कम और भला कौन सी ख़्वाहिश होगी।
कोई ख़्वाहिश न रहे बस यही ख़्वाहिश की है।।

हम इबादत का सिला पायें तो पायें कैसे।
हमने सजदे नहीं सजदों की नुमाइश की है।।

अपना बोझ आप उठाओ तो निभेंगे रिश्ते।
साथियो सीख यही साहिबे दानिश की है।।

उफ़ ये सफ़र तवील ये छालों का सिलसिला ।
उस पर मिज़ाज पूछने वालों का सिलसिला ।।

अब से रहेगा हम में मुलाक़ात भर का प्यार ।
मैं ख़त्म कर चुका हूँ सवालों का सिलसिला ।।

हसरत रही कि जी लें ज़रा हो के बेख़याल ।
ठहरे कभी कहीं तो ख़यालों का सिलसिला ।।

इन्साँ को सारी उम्र फिराता है दर बदर ।
दो रोटियों का चार निवालों का सिलसिला ।।

हम ही न अपने क़ैद से बाहर निकल सके ।
वरना कहाँ नहीं है उजालों का सिलसिला ।।

हमको चमकती रेत पे पानी का है गुमाँ ।
आया कहाँ से हम में ग़ज़ालों का सिलसिला ।।

मिट जायेंगे वफ़ा के लिये प्यार के लिये ।
हम टूटने न देंगे मिसालों का सिलसिला ।।

एक उनवान और दो रूख़ी ज़िन्दगी।
कल थी क्या आज क्या बन गयी ज़िन्दगी।।

तुम से मिलकर, बढ़ी तो नहीं दोस्तो!
हमको महसूस होने लगी ज़िन्दगी।।

एक भी साँस बाक़ी रहे जब तलक।
तब तलक ज़िन्दगी ज़िन्दगी ज़िन्दगी।।

अब हमें इसकी कोई तमन्ना नहीं।
हमने जी कर बहुत देख ली ज़िन्दगी।।

क्या बुजुर्गों ने की थी इसी की दुआ।
क्या हमारे लिये भी यही ज़िन्दगी।।

चारागर की शिकायत से क्या फ़ायदा।
देने वाले ने जब छीन ली ज़िन्दगी।।

हमको हर ग़म से ना आशना कर गई।
सोज़ की ज़िन्दगी साज़ की ज़िन्दगी।।

उम्र भर इम्तेहान लेती है
तब कहीं मौत जान लेती है

वो अदालत जिसे कहें महशर
हर बशर का बयान लेती है

शख़्सियत ही तो है जो होके बुलन्द
हाथ में आसमान लेती है

ऐसी होती है आशिक़ी ज़िद्दी
करके रहती जो ठान लेती है

क्या किसी को बिना करिश्मों के
दुनिया ऐसे ही मान लेती है

ज़िन्दगी रिज़्क़ के तआक़ुब में
हर सहर फिर उड़ान लेती है

जो मज़हबों के मसाएल पे इख़्तिलाफ़ करें ।
मैं उनके साथ नहीं हूँ मुझे मआफ़ करें ।।

जो बात बात पे करते हैं इत्तेहाद की बात।
उन्हें कहो कि वो ख़ुद ज़हनियत को साफ़ करें।।

न उनसे वास्ता रक्खें न तरह दें उनको ।
जो मुल्क व कौम में पैदा ज़रा शेगाफ़ करें।

ख़िलाफ़ उनके हमेशा रहूँगा मैं जो लोग ।
मुझे रहीम तुम्हें राम के ख़िलाफ़ करें ।।

हम अपनी बात के सच्चे हैं कौल के पक्के ।
वो और लोग हैं जो कह के इन्हेराफ़ करें।।

अगर हो बोलना मंज़ूर प्यार की बोली ।
तो ज़हन-व-दिल के दुरूस्त आप शीन क़ाफ़ करें।।

बता दे शेख़ व बरहमन को कोई घर मेरा।
दयारे महर व वफ़ा है यहाँ तवाफ़ करें।।

नाशुक्रा है इंसान शिकायत ही करेगा।
भगवान तो हर इक पे इनायत ही करेगा।।

ज़ालिम भी है जाहिल भी है क्या इसका भरोसा।
हर गाम ये नादान मुसीबत ही करेगा।।

एहकामे खुदा हो कि रिवायाते बुजुर्गाँ।
शैतान है शैतान बग़ावत ही करेगा।।

संतान हो रस्में हों सियासत हो कि मज़हब।
हर हाल में धनवान तिजारत ही करेगा।।

नाअहेल को मिल जाये जो ताक़त तो समझ लो।
दो दिन का है सुल्तान हुकूमत ही करेगा।।

फ़ितरत में हो शर जिसकी बचो ऐसे बशर से।
बन बन के वो अन्जान शरारत ही करेगा।।

करता रहे दिन रात तजुर्बात ये अहमक़।
हो फ़ायदा नुक़सान हिमाक़त ही करेगा।।

दुनिया धोके में है दुनिया धोका।
जिस तरफ जाइये धोका धोका।।

ये जो हट जाये तो देखे न कोई।
चाम, तन पर है नज़र का धोका।।

जिसने धोके की हक़ीक़त जानी।
वो किसी को नहीं देता धोका।।

करते आये हैं भरोसा सब पर।
खाते आये हैं हमेशा धोका।।

प्यासे राही को जो देता है फ़रेब।
वो है सहरा का चमकता धोका।।

तेरा आना भी तेरा जाना भी।
हाय कितना है सुहाना धोका।।

आदमी आ के नये धोके में।
भूल जाता है पुराना धोका।।

रात भर वादा शिकन का रास्ता देखा किये,
याद में जागा किये हम हिज्र में तड़पा किये।

पेशकश, मन्नत, मुहब्बत, आरजू, सजदे, दुआ,
संगदिल पिघला नहीं हमने जतन क्या-क्या किये।

उस तरफ़ नफ़रत, मोहब्बत इस तरफ़ पलती रही,
वो हमें दुश्मन, हम उसको दोस्त ही समझा किये।

किस क़दर रौशन, उजागर, ज़िन्दा व जावेद हैं,
वो पयंबर जिनको सदियाँ हो गईं पर्दा किए।

आब का धोका ही धोका जिसमें था ऐसा सराब,
देख कर हम एक आहू की तरह दौड़ा किए।

उसके जाने से न आने तक की लम्बी दास्ताँ,
जिसमें थी ऐसी वही के वर्क़ हम उलटा किए।

राबता था रब्त था, कितना बक़ाया ज़ब्त था,
हिज्र की मीज़ान पर हम इश्क़ को तोला किए।

हर नई सुब्ह समझ पहला क़दम नींद के बाद।
ज़िन्दगी नित नया लेती है जनम नींद के बाद।।

कल का वादा न करो कल की ख़बर है किसको।
पूरी हो या कि न हो कोई क़सम नींद के बाद।।

जागने वालो ज़रा सोच के दो इसका जवाब।
उम्र बढ़ती है कि हो जाती है कम नींद के बाद।।

ख़्वाब क्या शय है ख़यालात की अक्कासी है।
उसका खुल जाता है हर बार भरम नींद के बाद।।

मुस्कुराते हुए उठते हैं कभी नींद से हम।
और कभी आँख रहा करती है नम नींद के बाद।।

नक़्श बेरंग है तहरीर भी धुंधली – धुंधली।
कैसे हो नींद का अफ़साना रक़म नींद के बाद।।

उम्र कितनी भी हो दो हिस्सों में बँट जाती है।
आधे हैं नींद में हम, आधे हैं हम नींद के बाद।।

आलमे जाँकनी जान पर है बनी
चारागर नब्ज़ के ढूँढने में लगे
लब पे दम और अहबाब को देखिए
क्या कहाँ पे धरा पूछने में लगे

उसको धरती पे लो कह उठा हर कोई
गोया जाँ से सिवा था पलँग क़ीमती
जिस घड़ी खून पानी हुआ जाए है
उस घड़ी खून के चूसने में लगे

लोग रोते रहे आह भरते रहे
और इशारे किनाए भी करते रहे
ये उतारो ये पहनाओ जल्दी करो
ज़हन कुछ और बू सूँघने में लगे

मेरे बिन वो जो रोटी भी खाते न थे
दूर जाने न देते थे जाते न थे
आके मरघट पे बोले कि था सख़्त जाँ
सात घंटे उसे फूँकने में लगे

सारे रिश्ते हैं बस साँस और आस के
लोग कहते हैं ये दूर या पास के
इतने लम्हों में दुनिया हुई दूसरी
जितने लम्हे पलक मूँदने में लगे

मौत का नाम तो मुफ़्त बदनाम है
जान लेना ये अपनो का ही काम है
मौत ने मुझको तोड़ा नहीं यक ब यक
कितने सदमे मेरे टूटने में लगे

छोड़ सब ख़्वाहिशें कुछ तमन्ना न कर
है यही ज़िन्दगी मौत से पहले मर
मौत को तू तुझे मौत आसान हो
एक पल भी न जग छूटने में लगे।।

जाग जाओ तो ज़िन्दगी जानो
नींद किस्तों में मौत ही जानो

अपनी हालत पे रोते रहते हो
दूसरों की भी बेबसी जानो

हाथ भर का जिगर हो तब निकलो
खेल दिल का न दिल्लगी जानो

तजरुबे अपने तुम पे क्यों लादें
मुश्किलें खुद से राह की जानो

पहली जानो हर एक सुब्ह को तुम
और हर शब को आख़िरी जानो

रंज को समझो जाविदाँ दौलत
बू-ए-गुल की तरह खुशी जानो

रौशनी तीरगी में पिन्हाँ है
तीरगी को न तीरगी जानो

हम एक तरफ़ा ही चाहेंगे उम्र भर उसको,
न हममे आएगा अपना कोई नज़र उसको।

किसी ने शम्स किसी ने क़मर कहा उसको,
कि हमने जाना फ़रिश्ता सिफ़त बशर उसको।

ख़याल-व-ख़्वाब में मिलना कभी हुआ तो हुआ,
न उसने हमको बुलाया, न हमने घर उसको।

उसी क़दर वो मोहब्बत से नाशनास रहा,
कि हमने चाहा मोहब्बत से जिस क़दर उसको।

वहाँ न ढूँढा जहाँ वो मुक़ीम था कि नज़र,
सभी से पूछती डोली इधर उधर उसको।

हमारे इश्क़ में जीने के दिन कब आऐंगे,
हम उसपे मरते हैं ये तक नहीं ख़बर उसको।

ज़िन्दगी कम हो मगर ज़ायेअ न हो।
ये मताए मुख़्तसर ज़ायेअ न हो।।

काम वो जिसमें कि हो पाइन्दगी।
बात वो जिसका असर ज़ायेअ न हो।

मोजज़न रग रग में बहरे ग़म रहे।
कोई कत़रा चश्मे तर ज़ायेअ न हो।।

कर परस्तिश अपने फ़न की रात दिन।
जो किया हासिल हुनर ज़ायेअ न हो।।

फ़स्ले गुल है तोड़ना गुल सोच कर।
देखना गुलचीं समर ज़ायेअ न हो।।

हो तेरा दर्जा फ़रिश्तों से बुलन्द।
एक भी सजदा अगर ज़ायेअ न हो।।

ऐ मुसाफ़िर नेकियाँ हमराह रख।
ताकि आइन्दा सफ़र ज़ायेअ न हो।।

यही सच है यही है साफ गोई।
नहीं जग में किसी का मीत कोई।।

कोई इंसाँ नहीं सोया मुकम्मल।
कि दिल जागा किया हिस उसकी सोई।।

बदन से रूह का नाता नहीं कुछ।
मगर ये उसकी हमदर्दी में रोई।।

सिरा उम्मीद का मिलता नहीं है।
तमन्ना फिर रही है खोई खोई।।

अरे नादान मन का मैल धो ले।
कि इस काया का क्या धोई न धोई।।

खुदा का नाम और गिन गिन के लेना।
इबादत किसने धागे में पिरोई।।

तुझे दुनिया से जाना ही पड़ेगा।
ये किसके वास्ते दुनिया सँजोई।।

आज और तरीक़ा है तो कल और क़रीना,
इंसान को भाता नहीं इक रंग में जीना।

क़ुदरत का भी आईन है तबदीली-ए-मौसम,
सावन की कभी रुत कभी फागुन का महीना।

होता है उरूज एक का, पाता है ज़वाल एक
चाँद उभरे है डूबे है जो सूरज का सफ़ीना

दिल, धड़कनें बढ़ जाने से हो जाता है साकित
लय तेज़ जो हो जाए तो थम जाती है बीना

नज़रों से गिरा देंगे जो नज़रों में रहेगा
तू दिल में समा जैसे अँगूठी में नगीना

मयख़ाना-ए-हस्ती में यूँ ही उम्र गुज़ारी
छलकाते रहे जाम हमें आया ना पीना

दिल तेरा मुझको किसी और का घर लगता है,
अपना कहने में वहाँ रहने में डर लगता है।

मेरे हालात पे मत मुझसे मुलाक़ात की सोच,
मुझसे मिलने में कोई ख़दशा अगर लगता है।

उसकी नेकी पे फ़िदा उसकी वफ़ा पे क़ुर्बान,
अमल से देवता सूरत से बशर लगता है।

याद में तेरी जब आँखों ने बहाए आँसू,
मैंने तब जाना कि यादों पे भी कर लगता है।

मेरे शेरों में जो रूमानियत आई है तो ये,
नाज़नीनों का, हसीनों का असर लगता है।

छाँव देता है मुसाफ़िर को तो फल भूखे को,
वो भला आदमी फ़ितरत से शजर लगता है।

अब जो ज़िन्दगानी है,
मुख़्तसर कहानी है।

जितनी जी चुके उतनी,
लौट के ना आनी है।

वो जवान हैं जिनकी,
सोच में जवानी है।

वलवले हैं दिल में तो,
खून में रवानी है।

ऐसा क्या किया तूने,
जिसपे पानी पानी है।

जिस्म देन धरती की,
रूह आसमानी है।

हम जुदा कहाँ अपनी,
एक तरजुमानी है।

झूठे को भी वो हाल मेरा पूछता नहीं,
भूले से भी कभी मैं उसे भूलता नहीं।

मैंने कभी किसी को न उसमें किया शरीक,
क्या है मेरी नज़र में अगर वो ख़ुदा नहीं।

करने लगे तू उसकी अताओं का गर शुमार,
तो ख़ुद ही कह उठेगा मुझे कुछ गिला नहीं।

तू जो बरस रहा है समन्दर पे इस क़दर,
क्या क़र्ज़ साल भर का अभी तक चुका नहीं।

वो तो वहीं मिलेगा वहीं पर मुक़ीम है,
अपने ही दिल में क्यूँ तू उसे ढूँढता नहीं।

ये कैसा रब्त-व-ज़ब्त है तेरा ख़ुदा के साथ,
उसको तेरा पता, तुझे उसका पता नहीं।

लब खोल कर तो हँसता रहा हूँ सभी के साथ,
दिल खोल कर ना जाने मैं कबसे हँसा नहीं।

चर्चे में फ़साने में कहीं हूँ कि नहीं हूँ,
मैं अब के ज़माने में कहीं हूँ कि नहीं हूँ।

परछाईयाँ जिसमें कि नए चेहरों की उभरें,
उस आईना ख़ाने में कहीं हूँ कि नहीं हूँ।

जो राबता क़ायम करे, जोड़े जो दिलों को,
वो जज़्बा जगाने में कहीं हूँ कि नहीं हूँ।

नफ़रत से हो नफ़रत, जहाँ चाहत की हो चाहत,
इक ऐसे तराने में कहीं हूँ कि नहीं हूँ।

लोगों के रुलाने को हैं बदहालियाँ काफ़ी,
ग़म उनके भुलाने में कहीं हूँ कि नहीं हूँ।

ले बू-ए-वफ़ा जिसमें, खिलें फूल अमन के,
वो बाग़ लगाने में कहीं हूँ कि नहीं हूँ।

अहसान चुकाना तो बहुत दूर की है बात,
अहसान चुकाने में कहीं हूँ कि नहीं हूँ।

क्या वो हूँ फ़रामोश जिसे कर दिया सबने,
यादों के ख़ज़ाने में कहीं हूँ कि नहीं हूँ।

तस्बीह बदस्त उँगलियाँ हरकत में हैं लेकिन,
तसबीह के दाने में कहीं हूँ कि नहीं हूँ।

जान का जाना कहाँ आसान है,
रेशे रेशे में समाई जान है।

क्या कहें सख़्ती को मलकुल मौत की,
इक ग़ज़ब है, क़हर है, तूफ़ान है।

दिल में जाँ, जाँ हलक़ में, होंठों पे जाँ,
ये कई मरकज़ का एक सामान है।

ज़ायक़ा चखना है सबको मौत का,
जानवर है जिन है या इंसान है।

वो न आए तो न जाए ख़लफ़िशार,
जिंदगी पर मौत का अहसान है।

मानी जाती है गवाही चश्मदीद,
यानी सच्ची आँख झूठा कान है।

मौत अनचाही है मनचाही नहीं,
कौन जिसको मौत का अरमान है।

देखते - देखते ज़िन्दगी
ढल चली, ढल चली, ढल चली।

एक ही चीज़ है काम की
बंदगी,   बंदगी,   बंदगी।

बादा ख़ाने ने आवाज दी
शेख़ जी, शेख़ जी, शेख़ जी।

आज़माइश करे है ख़ुदा
सब्र की, सब्र की, सब्र की।

मुफ़लिसी की है मीरास क्या
बेकसी,   बेकसी,   बेकसी।

मेरे दिलबर की ख़ूबी है क्या
सादगी,   सादगी,   सादगी।

उसकी गुफ़्तार में है भरी
चाशनी, चाशनी, चाशनी।

उसने कर दी मेरी दास्ताँ
अनसुनी, अनसुनी, अनसुनी।

मैं जनम से पुकारा किया
रौशनी, रौशनी, रौशनी।

बख़्श भी दें अगर ज़मीन के साँप।
डस के छोड़ेंगे आस्तीन के साँप।।

इनसे बच कर भी जीना मुश्किल है।
जान लेवा सही यक़ीन के साँप।।

वो नज़र वो अदा वो ज़ुल्फ़े दराज़।
सबके सब हैं किसी हसीन के साँप।।

तुझको बिन समझे हम तेरे आशिक़।
बहरे होकर भी जैसे बीन के साँप।।

जब भी मौक़ा मिला है डसने का।
ज़िन्दगी ले गये हैं छीन के साँप।।

दीन के नाम पर लड़ायें जो।
उनसे बचिए कि हैं वो दीन के साँप।।

अमीर हो ग़रीब हो मगर जो दिल के क़रीब हो।
मेरी दुआ है कि हर किसी को वो हमसफ़र नसीब हो।।

न ये कि वो बेमिसाल हो, न ये कि वो बाकमाल हो।
वो हमनवा, वो हमज़बाँ, वो हमनज़र, हमख़याल हो।।
वो दोस्त जिसकी पनाह में न दिल की हालत अजीब हो।
मेरी दुआ है कि हर किसी को वो हमसफ़र नसीब हो।।

न ये कि वो आफ़ताब हो, न ये कि वो माहताब हो।
बस उसमें अपनी हो रौशनी, हवा से लड़ने की ताब हो।।
रक़ीब उसका न हो कोई, जो कुल जहाँ को हबीब हो।
मेरी दुआ है कि हर किसी को वो हमसफ़र नसीब हो।।

वफ़ा में दर्जा बुलंद हो, मेरे लिए फ़िक्रमंद हो।
न टूटे दीदार की कड़ी, ये आँख जब तक न बंद हो।।
वो मेरे चेहरे का फलसफ़ी वो आशिक़ी का अदीब हो।
मेरी दुआ है कि हर किसी को वो हमसफ़र नसीब हो।।

आदमी के साथ उसका ख़त्म किस्सा हो गया।
आग ठंडी हो गयी चर्चा भी ठंडा हो गया।।

क्यों हुआ ऐसा किसी को भी नहीं इसका पता।
पूछने वाले यही पूछा किये क्या हो गया।।

चलता फिरता था जो कल तक बनके वो तस्वीर आज।
लग गया दीवार से मजबूर कितना हो गया।

मौत ने हल कर दिया मुश्किल से मुश्किल हर सवाल।
लो हमेशा के लिए बीमार अच्छा हो गया।।

कुछ नहीं संसार में मरघट पे सब कहने लगे।
उस जगह हर एक में बैराग पैदा हो गया।।

सुनील दत्त

सदा वो ज़िन्दगी देता हुआ ज़िन्दा मिला हमको।
लगा जैसे मसीहा का नुमाइन्दा मिला हमको।।

यहाँ वो आया सबसे दर्द का रिश्ता निभाने को।
पयाम इंसानियत का दे गया सारे ज़माने को।
सितारों में सितारा सबसे ताबिन्दा मिला हमको।
लगा जैसे मसीहा का ....

शगुफ़्ता सुख़रू साबित क़दम सच्चा सुनील आया।
सिनेमा कर्मियों के हक़ में लड़ने को वकील आया।
अमल पे उसके कोई भी न शर्मिन्दा मिला हमको।
लगा जैसे मसीहा का ....

दिलों पर शख़्सियत ने उसकी कुछ ऐसा असर डाला।
किसी भी दल में हम थे वोट उसको ही मगर डाला।
न उसके बाद कोई ऐसा कारिन्दा मिला हमको।
लगा जैसे मसीहा का ....

हज़ारों लोग जुड़ जाते थे जिसके इक इशारे पर ।
हम आए दरिया दिल की याद में दरिया किनारे पर ।
कहें रब से यही फिर उससे आइन्दा मिला हमको ।
लगा जैसे मसीहा का ....

खुदा रक्खे, प्रिया भी उनके ही नक़्शे क़दम पर हैं ।
बड़े ही मोहतरम वालिद की ज़िम्मेदार दुख़्तर हैं ।
न दोनों की कहीं करता कोई निन्दा मिला हमको ।
लगा जैसे मसीहा का ....

वो संजू बनके अभिनय करता, अभिनेता का कल आया ।
करे नरगिस की बेनूरी को दूर, इक ऐसा गुल पाया ।
कला के प्रेमियों के दिल का बाशिन्दा मिला हमको,
लगा जैसे मसीहा का ....

रफ़ी साहब

पेशानी पे शम्स आँखों में तारों की ज़िया थी।
वो कैसे बुझा जिसको ज़माने की दुआ थी।

अल्लाह वो रोज़ा था या कि रोज़े क़यामत।
अफ़्तार का था वक़्त उधर सर पे क़ज़ा थी।

हाजी था नमाज़ी था बड़ा नेक था बन्दा,
क्या इसके अलावा भी कोई उसकी ख़ता थी।

वो क्या था नहीं सबको ख़बर बस ये ख़बर है।
उस शख़्स की आवाज़ बड़ी होशरुबा थी।

नग़में तो तेरे फिर भी सुने जायेंगे लेकिन।
कुछ तेरी ज़रूरत हमें इसके भी सिवा थी।

वो साहिबे किरदार मोहब्बत का शजर था।
फूलों की तरह उसमें सख़ावत थी, वफ़ा थी।

नाख़ुश है ख़ुदा अपने फ़रिश्तों से वगरना,
धरती के फ़रिश्ते की ज़रूरत उसे क्या थी।

माँ

देवी जो मेरे घर में है इक उम्र रसीदा।
जी चाहता है आज पढ़ूँ उसका क़सीदा।।

बरसों वो मुझे पाने की चाहत में न सोई।
पूजा में दुआओं में इबादत में न सोई।।

मैं गर्भ में आया तो वो फूली न समाई।
हर चीज़ हमेशा ही मुझे बाँट के खाई।।

साँसों की हवा देके मुझे पेट में पाला।
कर कर के जतन माँ ने मेरा बोझ सँभाला।।

यूँ इन्तेहा संसार को ममता की दिखा दी।
देने में जनम जान की बाज़ी भी लगा दी।।

मैं हो गया पैदा तो हुई मुझपे निछावर।
होने न दिया दूर कभी मुझको घड़ी भर।।

मैं फूल था उसको मेरे मुरझाने का डर था ।
या कोई ख़ज़ाना था कि खो जाने का डर था ।।

मैं सो गया तब उठ के गई काम की ख़ातिर ।
बेचैन रही बस मेरे आराम की ख़ातिर ।।

सुख बाँट के दुख काट के हर हाल में पाला ।
इंसान के साँचे में उसी ने मुझे ढाला ।।

दुख दर्द उठाने में वो धरती की तरह है ।
उस देवी की छाया सदा बदली की तरह है ।।

सुख माँ के जुड़े हैं सभी सन्तान के सुख से ।
रो पड़ती है माँ बच्चों के थोड़े से भी दुख से ।।

कितना भी बड़ा जुर्म हो जाँ बख़्शी है माँ ने ।
खूँ करके भी आया तो अमाँ बख़्शी है माँ ने ।।

मिल जाती है हर चीज़ ज़माने में सभी से ।
बे लौस मुहब्बत जो मिली है तो उसी से ।।

रहती है सदा बच्चों के अभिमान में खोई ।
कहती है मेरे लाल से अच्छा नहीं कोई ।।

गर मामता लिखोगे तो माँ लिखना पड़ेगा ।
माँ लफ़्ज़ के सुनने से लहू माँ का बढ़ेगा ।।

माँ की ही बदौलत है हर इक काम में बरकत ।
क़दमों में रहो क़दमों तले माँ के है जन्नत ।।

अवतार पयम्बर इसी देवी के जने हैं ।
हम आप सभी तो इसी मिट्टी से बने हैं ।।

महफ़ूज़ हमें रखती है हर रन्ज व बला से ।
दर्जा नहीं कम माँ का किसी दर्जा खुदा से ।।

साँसों में मेरी सिलसिला मौजूद है माँ का ।
रग रग में रवाँ खून नहीं दूध है माँ का ।।

एहसान कभी माँ के चुकाये नहीं जाते ।
वह दूर भी हो जाये तो साये नहीं जाते ।।

मिट्टी

जिस जगह की हो बेवफ़ा मिट्टी।
उस जगह से मेरी उठा मिट्टी।।

एक दिन खुद ब खुद ये होना है।
तू तो मिट्टी में मत मिला मिट्टी।।

जिसको हमने अज़ीज़ तर जाना।
सबसे पहले वो दे गया मिट्टी।।

जाने किस किस तरह मिले बिछड़े।
आग, पानी, फ़लक, हवा, मिट्टी।।

अपने अन्दर छुपाये बैठी है।
सारी दुनिया का फ़लसफ़ा मिट्टी।।

रौंदता है कुम्हार मिट्टी को।
उसको रौंदेगी देखना मिट्टी।।

कोई पूछे फ़क़ीर के पगले।
काहे मिट्टी पे मल रहा मिट्टी।।

रोती हँसती है चलती फिरती है।
कितने रंगों में जा बजा मिट्टी।।

सबपे हक़ उसका, सबपे कर्ज़ उसका।।
जाने कब किसको ले बुला मिट्टी।।

कैसी मुर्दा परस्त है दुनिया।
मर के पाती है मर्तबा मिट्टी।।

रंग और नस्ल की तमीज़ ग़लत।
आदमी अस्ल में है क्या मिट्टी।।

पानी

जिनकी आँखों का मर गया पानी।
उनके रुख़ का उतर गया पानी।।

नाख़ुदा देर की सँभलने में।
अब तो सर से गुज़र गया पानी।।

लोग प्यासे थे लोग प्यासे हैं।
वो जो बरसा किधर गया पानी।।

आपकी बे रूख़ी का ये अन्दाज़।
देखिये ख़ून कर गया पानी।।

अब्र बन कर उठा था सू-ए-फ़लक।
बूँद बन कर बिखर गया पानी।।

हर नशीब व फ़राज़ में अपनी।
ख़ुद बना के डगर गया पानी।।

सब हैं तिनके उधर ही जायेंगे।
सबको लेकर जिधर गया पानी।।

आदमी हो गोहर हो या तलवार।
बे असर हैं अगर गया पानी।।

ये जो फैला तो बन गया दरिया।
वरना कूज़े में भर गया पानी।।

दूध में मय में रंग में सब में।
मिलके काम अपना कर गया पानी।।

गाहे प्यासा गया है पानी तक।
गाहे प्यासे के घर गया पानी।।

आतिश

धरती आतिश है आसमाँ आतिश।
है नेहाँ और कहीं अयाँ आतिश।।

हो चरागाँ जले दिये से दिया।
कर न ऐसे ही रायगाँ आतिश।।

देख कर उसका आतिशीं चेहरा।
बन गई मेरी दास्ताँ आतिश।।

तब तलक हम जवान रहते हैं।
जब तलक हम में है जवाँ आतिश।।

बे धुआँ, बे शरारा, बे लौ भी।
फूँक देती है बे जुबाँ आतिश।।

कितने हमदर्द हैं नशेमन के।
आँधी बरसात बिजलियाँ आतिश।।

ज़हून में दिल में रूह में तन में।
है न जाने कहाँ कहाँ आतिश।।

आग से आग के बुझाने का।
फ़लसफ़ा कर रही बयाँ आतिश।।

जिस्म हो घर हो बन हो बस्ती हो।
सबको करती है बेनिशाँ आतिश।।

हुस्न और इश्क़ में कशिश है तभी।
गर है दोनों के दरमियाँ आतिश।।

ये कहीं पर है चन्द लम्हों की।
और कहीं पर है जावेदाँ आतिश।।

ज़िक्र क्या कीजिये जहन्नम का।
हर क़दम पर है जब यहाँ आतिश।।

शुद्ध है शुद्ध सब को करती है।
है जहाँ में जहाँ जहाँ आतिश।।

हवा

कुछ कहेगी न कुछ सुनेगी हवा।
वक़्त आने पे ले उड़ेगी हवा।।

रुक ही जायेगा कारोबारे जहाँ।
दो घड़ी को अगर रुकेगी हवा।।

रहिये ख़ामोश वरना ये दुनिया।
आतिशे ग़म को और देगी हवा।।

ज़िन्दगी किस तरह गुज़ारेंगे।
गर मुख़ालिफ़ यूँही चलेगी हवा।।

मौसमों का समझ समझ के मिज़ाज।
कुछ न कुछ आपसे कहेगी हवा।।

उड़ता फिरता है किस हवा में तू।
तुझको धरती पे ला धरेगी हवा।।

जो भी सैरे चमन को आयेगा।
इस चमन की उसे लगेगी हवा।।

करती आई है तायरों की मदद।
तायरों के लिये चलेगी हवा।।

जो भी दामन में उसके आयेगा।
हर तरफ बाँटती फिरेगी हवा।।

तुम भी पहचान कर हवा का रूख़।
गर चले तो असर करेगी हवा।।

इसकी तक़दीर ही में गर्दिश है।
कैद मुट्ठी में कब रहेगी हवा।

गुनगुनायेगी   –   गुदगुदायेगी।
पर नज़र में न आ सकेगी हवा।।

बारहा   खटखटा   के   दरवाज़ा।
धोका देती धोका देगी हवा।।

फ़लक

आदमी को है आरजू-ए-फ़लक।
हर क़दम बढ़ रहा है सू-ए-फ़लक।।

ऐ फ़रिश्तो ज़रा इधर आओ।
तुम से करनी है गुफ़्तगू-ए-फ़लक।।

है फ़लक पर लिखी ज़मीं की प्यास।
आ रही है ज़मीं से बू-ए-फ़लक।।

कब सितारे नसीब थे अपना।
हमने रक्खी है आबरू-ए-फ़लक।।

बेकसों पर सितम ज़रीफ़ी की।
मुद्दतों से रही है ख़ू-ए-फ़लक।।

हम हैं अब दोश पर हवाओं के।
अब नहीं हमसे दूर कू-ए-फ़लक।।

दूर उतना ही होता जायेगा।
कीजिये जितनी जुस्तजू-ए-फ़लक।।

तक़दीर

इंसान से चार क़दम आगे उसकी तक़दीर चले।
तक़दीर हवा के काँधे पर घुटनों तदबीर चले।।

पत्थर का सही तिनकों का सही घर अपना बनाया मुश्किल से।
उस घर में फूल और कलियों को सींचा अपने खूने दिल से।
महफ़िल को सजा कर महफ़िल से महफ़िल के मीर चले।
इंसान से चार क़दम आगे ....

जीवन की खिली फुलवारी में जो काँटे ही काँटे भर दे।
वो दुश्मन हाथ जो लग जाये इंसाँ उसके टुकड़े कर दे।
पर क़िस्मत है पर्दे पर्दे किस पर शमशीर चले।
इंसान से चार क़दम आगे ....

मानी है हार करमगति से अच्छों अच्छों की ताक़त ने।
हम क्या हैं राम लखन सीता को भी छोड़ा न मुसीबत ने।
वनवास दिया जब क़िस्मत ने वन को रघुबीर चले।
इंसान से चार क़दम आगे ....

महलों में पले सोने में तुले जग ने जिनकी गुलपोशी की।
हर सुख पाया, दुख की छाया जिनपर न पड़ी मयनोशी की।
आख़िर वो भी ख़ामोशी की बन कर तस्वीर चले।
इंसान से चार क़दम आगे ....

दिन रात उसे कितना कोसें अब किस किस बात का बदला लें।
दुख हँस के सहें और कुछ न कहें बेहतर है कि दिल को समझा लें।
कुछ बस न चले, अपनी चालें जब ये बेपीर चले।
इंसान से चार क़दम आगे ....

हमसे पहले लेती है जनम ये हमको मार के मरती है।
ये भी बेचारी परबस है किसी और लिक्खा करती है।
ये बनके तीर गुज़रती है सीनों को चीर चले।
इंसान से चार क़दम आगे ....

अहदे माज़ी

अहदे माज़ी के भूलने वालो, तुमको शायद मैं याद आ जाऊँ।
ज़ोर थोड़ा सा ज़हन पर डालो, तुमको शायद मैं याद आ जाऊँ।।

वो जिसे तुमने कल नवाज़ा था, वो जिसे तुमने कल सराहा था।
मुझको पहचानो हूँ वही फ़नकार, जिसको नग़मों के साथ चाहा था।
कोई नग़मा पुराना दोहरा लो तुमको शायद मैं याद आ जाऊँ।।

हर तरफ़ मेरे साथ चलते थे, हर घड़ी मेरे पास रहते थे।
मेरी खुशियों में मुस्कुराते थे, मेरे ग़म में उदास रहते थे।
उस ज़माने को आज में ढालो तुमको शायद मैं याद आ जाऊँ।।

मैं तुम्हें एक पल नहीं भूला, तुमने मुझको भुला दिया कैसे।
मैंने तुमको सदा हँसाया है, मुझको तुमने रुला दिया कैसे।
कुछ करो याद फ़न के मतवालो तुमको शायद मैं याद आ जाऊँ।।

कल भी तुमसे न था कोई शिकवा, आज भी कुछ नहीं गिला तुमसे।
क़द्र व क़ीमत भी नाम व शोहरत भी, मुझको क्या क्या नहीं मिला तुमसे।
मेरे दिल के हसीन तर छालो तुमको शायद मैं याद आ जाऊँ।।

मैंने माना बदल गये हालात, अब मेरा पहले जैसा नाम नहीं।
पर बदलते हुए जहाँ में क्यों, आदमी का कोई मक़ाम नहीं।
फिर मुझे प्यार दो फिर अपना लो तुमको शायद मैं याद आ जाऊँ।।

तमन्ना पूरी हुई जुस्तुजू तमाम हुई
ये मेरी ज़िन्दगी इक अजनबी के नाम हुई

है चाँद चेहरे पे रौशन सितारे आँखों में
इक ऐसा हुस्न जो आये नज़र न लाखों में
ज़माना ढूँढ के लौट आया दूर दूर जिसे
महक बताता है कोई तो कोई नूर जिसे
वो एक ख़ास हक़ीक़त मुझी पे आम हुई
ये मेरी ज़िन्दगी............

तमाम जिस्म ही पाकीज़गी की मूरत है
किसी के पास ये सीरत है और न सूरत है
कि दिल में इश्क़ का दरिया सा आज बहने लगा
मैं शेर कहता नहीं था मैं शेर कहने लगा
जुबान हुस्न की संगत में ख़ुश कलाम हुई
ये मेरी ज़िन्दगी............

मौत से कहने लगा यूँ इक बशर।
आ गयी तू दी न आने की ख़बर।।

ऐसे कैसे चल पड़ूँ मैं तेरे साथ।
काम से ख़ाली कहाँ हैं मेरे हाथ।।

मौत बोली यूँ न दे तोहमत मुझे।
मैंने कितनी बार चौंकाया तुझे।।

इत्तेला पहली उड़ा बालों का रंग।
आँखों और कानों ने छोड़ा तेरा संग।।

रफ़्ता रफ़्ता दाँत सब गिरने लगे।
दूर तुझसे हो चले तेरे सगे।।

तेरे घर तेरे मुहल्ले तेरे गाँव।
रोज़ ही पड़ते रहे हैं मेरे पाँव।।

तूने खुद भी कितनों को काँधा दिया।
पर कभी मेरा तसव्वुर ना किया।।

अब तुझे आराम की दरकार है।
चल कि तेरी पालकी तैयार है।।

मैं तो पहले दिन से तेरे साथ हूँ।
ज़िन्दगी की आख़िरी सौग़ात हूँ।।

आँख खुल जाए...

तन के हिस्से में सिर्फ दो आँखें
मन की आँखें हज़ार होती हैं।
तन की आँखें तो सो भी जाती हैं
मन की आँखें कभी न सोती हैं।

चाँद सूरज के जो हों खुद मोहताज
भीख माँगो न उन उजालों की
बन्द आँखों से ऐसे काम करो
आँख खुल जाए आँख वालों की

हैं अँधेरे बहुत सितारे बनो
डूबतों के लिए तुम किनारे बनो
हैं ज़माने में बेसहारा बहुत
तुम सहारे न लो सहारे बनो

दिल में ऐसा ख़याल आने पर
दिल को थोड़ा सा रंज होता है
ज़र्फ़ वाला वो है जो आँखों के
मोती होंठों पे ला सँजोता है।।

गीत गाते हैं गुनगुनाते हैं
दिल में रखते हैं दिल के दाग़ों को
हम तो आँखों को दान भी कर दें
कौन लेगा बुझे चराग़ों को

न हर एक हक़ तू ही पास रख।
मुझे इंतज़ार का हक़ तो दे।
मैं बढ़ाऊँ इश्क़ का मर्तबा,
तू अज़ीम प्यार का हक़ तो दे।

रगे जाँ से भी तू क़रीब है।
मगर इत्तेफ़ाक़ अजीब है।।
तेरा प्यार है किसी और का।
कोई और तेरा हबीब है।।
इक उमीद मुझको नसीब है।
इक उमीदवार का हक़ तो दे।।

गया वक़्त ऐसे गुज़र गया।
जैसे चढ़ के दरिया उतर गया।
मुझे दे गया कई नेमतें।
मेरे फ़न का रंग निखर गया।।

न हुनूज़ जिसका असर गया।
गई उस बहार का हक़ तो दे।।

मैं फासला हूँ मुझे मिटा दो,
कि मेरे मिटने से दिल मिलेंगे।
मैं जब तलक दरमियाँ रहूँगा,
न फस्ले गुल में भी गुल खिलेंगे।

जब एक मंज़िल की जुस्तजू है।
तो साथ चलने में उज़्र क्यूँ है।
उठो कि हाथों में हाथ लेकर,
चलो उधर जिस तरफ सुकूँ है।

अगर रहे यूँ खिचे खिचे से,
तो चाक दामन कहाँ सिलेंगे।
मैं फासला हूँ ...

ये हसरते बेजुबान कब तक,
ये दूरिये आसमान कब तक।
नहीं हक़ीक़त में कोई दूरी।
तो दूरियों का गुमान कब तक।।

न बेवजह रूह को सज़ा दो,
ये कहके हर दिन कि फिर मिलेंगे।
मैं फासला हूँ ...

गीत

मेरे महबूब मेरे वतन तुझपे कुर्बान मैं जानेमन
हम तेरी बुलबुलें नग़मा ज़न तू हमारा है प्यारा चमन
वन्दे मातरम वन्दे मातरम

तेरे हुस्ने हसीं की क़सम इतने मौसम कहीं भी नहीं
सबको जो एक सा प्यार दे ऐसा परचम कहीं भी नहीं
है हमारे सिवा किसकी तक़दीर में सारी दुनिया में गंग व जमन
मेरे महबूब मेरे वतन......

सर है ऊँचा हिमाला तेरा मन है काबा शिवाला तेरा
सभ्यता का जहा ज़िक्र हो मर्तबा सबसे आला तेरा
सिख ईसाई हैं मज़बूत बाजू तेरे हिन्दू मुस्लिम हैं तेरे नयन
मेरे महबूब मेरे वतन......

शायरे मुल्क इक़बाल ने सबसे अच्छा बताया तुझे
और बंकिम ने लिख वंदना शीश अपना झुकाया तुझे
देश भक्ति के गीतों की इस भीड़ में मैं भी आया हूं ले इक सुमन
मेरे महबूब मेरे वतन......

तेरी स्वाधीनता हो अमर सबका ईमान हो देश पर
कर्ज़ उतरे न उतरे मगर तेरे बनके रहें उम्र भर
हम जो ओढ़ें बुना तेरे धागों का हो वो दोशाला हो या हो कफ़न
मेरे महबूब मेरे वतन......

प्यार करने से पहले ऐ मेरे सनम
तू मुझे जान ले मैं तुझे जान लूँ
इससे पहले कि बढ़ जाएँ आगे क़दम
तू मुझे जान ले मैं तुझे जान लूँ

कहीं ऐसा न हो रौ में जज़्बात की
दोनों यूँ ही बहे चले जाएँ
कोई साहिल न हो कुछ भी हासिल न हो
फँस के तूफ़ान में पछताएँ
बोझ सर का न बन जाए सर की क़सम
तू मुझे जान ले.....

कोई मंज़िल मोहब्बत की होती नहीं
मंज़िलों से निकलती हैं राहें
बात लब तक रहे दिल अगर ना मिले
फ़ायदा क्या मिला कर निगाहें
इश्क़ की राह में हैं बड़े पेच व ख़म
तू मुझे जान ले.....

चार दिनों की प्रीत जगत में चार दिनों के नाते हैं
पलकों के पर्दे पड़ते ही सब नाते मिट जाते हैं

जिनकी चिंता में तू जलता वे ही चिता जलाते हैं
जिन पर रक्त बहाए जल सम जल में वही बहाते हैं

घर के स्वामी के जाने पर घर की शुद्धि कराते हैं
पिंड दान कर प्रेतात्मा से अपना पिंड छुड़ाते हैं

चौथे से चालीसवें दिन तक हर इक रस्म निभाते हैं
मृतक के लौट आने का कोई जोखिम नहीं उठाते हैं

नातों की क्षणभंगुरता को सतगुरू हमें बताते हैं
उन नातों का मोह न कर जो दुर्बल तुझे बनाते हैं

श्रृंगार करो न करो तुम यूँ ही सुन्दर हो
धरती पर रहती हो पर गगन से ऊपर हो

मेरे मन दर्पण में प्रतिबिम्ब तुम्हारा है
गीतों में ग़ज़लों में तुमको ही उतारा है
बेहतर तो हज़ारों हैं तुम सबसे बेहतर हो
श्रृंगार करो न करो......

तन की अभिलाषा तो मन की कमज़ोरी है
जो चमक पे मरती है, तुम नहीं चकोरी है
मैं जंग लगा लोहा तुम पारस पत्थर हो
श्रृंगार करो न करो......

दुनिया तन को देखे मैंने मन को जाँचा है
थोड़ा ही सही लेकिन मैंने तुमको बाँचा है
अन्जान है जग जिससे वही ढाई अक्षर हो
श्रृंगार करो न करो......

मानस पट से अन्तर घट तक तुम ही तुम अंकित हो
किन्तु परन्तु लिए फिर भी तुम जाने क्यूँ शंकित हो

क्यूँ मेरा अस्तित्व तुम्हें निर्बोध लगा करता है
कैसा संशय कहो प्रिये दिन रैन ठगा करता है
निर्विरोध हो निर्विवाद हो किससे आतंकित हो
मानस पट से अन्तर घट तक.....

सच मानो आज भी पूर्ववत मुझमें वही सरलता
शब्दों के पर्याय बदलने से नहीं अर्थ बदलता
कमल कमल है भले पंक से कितना ही पंकित हो
मानस पट से अन्तर घट तक.....

जो सिर्फ खुशी का मोल करे वो दोस्त नहीं सौदागर है
जो अपने ही जीने पे मरे वो दोस्त नहीं सौदागर है

सुख आता है तो अपने संग अपने साथी ले आता है
है कौन कहाँ तक का हमदम दुख ही तो हमें बताता है
हो सुख में संग और दुख में परे वो दोस्त नहीं सौदागर है

हम ऐसा साथी ढूँढते हैं जो हमको ग़म का मीत कहे
दुख हो उसको और दर्द हमें, नीर उसका इन आँखों से बहे
जो हाथ फ़क़त कंधों पे धरे वो दोस्त नहीं सौदागर है

तेरा मुझपर एकाधिकार, मेरा तुझपर सर्वाधिकार
तू मेरी स्वप्न सुन्दरी प्रिये मैं तेरे उर का चन्द्रहार

तू प्रतिबंधों में घिरी घिरी मैं अनुबंधों मे व्यस्त वयस्त
हैं स्थितियाँ भिन्न परस्पर की दोनों परन्तु इक रोग ग्रस्त
मिलने का उपक्रम कौन करे तू मर्यादा मैं अहंकार
तू मेरी स्वप्न सुन्दरी प्रिये.....

तू निश्छल प्रेम का अतल सिंधु मैं तृषित, चाहता बिन्दु बिन्दु
मैं तेरी कान्ति से चकाचौंध, नयनाभिराम तू पूर्ण इन्दु
तेरे माथे सजना चाहूँ बन बिंदिया रूपी अनुस्वार
तू मेरी स्वप्न सुन्दरी प्रिये.....

तेरा स्वभाव मधुसिक्त सरल तू स्थिर तटस्थ और मैं चंचल
दावानल मैं तेरे मन का, तू मेरे मन में बड़वानल
दोनों दोनों के प्राणों में डूबे उतराये बार बार
तू मेरी स्वप्न सुन्दरी प्रिये.....

दुख तेरा हो कि दुख मेरा हो दुख की परिभाषा एक है
आँसू तेरे हों कि आँसू मेरे हों आँसुओं की भाषा एक है

हो जलन किसी भी सीने की पर जलन में जीवन जलता है
तड़पाती है जो तुमको हमको साथी वो निराशा एक है
दुख तेरा हो कि दुख मेरा हो.....

तुम भी सदियों से प्यासे हो और अपनी भी प्यास पुरानी है
सपने हैं जुदा जुदा लेकिन सुख की अभिलाषा एक है
दुख तेरा हो कि दुख मेरा हो.....

अपनों से कभी बेगानों से पग पग आघात पहुँचते हैं
टूटे से नहीं जो टूटती है हृदयों में वो आशा एक है
दुख तेरा हो कि दुख मेरा हो.....

तुमसे बिछड़े तो यूँ हो गया
मानसिक सन्तुलन खो गया

एक ही चित्र आँखों में है
एक ही गन्ध साँसों में हैं
शेष सब नैन जल धो गया
मानसिक सन्तुलन खो गया

क्या पता साँझ क्या भोर क्या
पीर का ओर क्या छोर क्या
सारा जीवन ही रो रो गया
मानसिक सन्तुलन खो गया

हम कुछ ऐसे लुटे प्यार में
रह गया कुछ ना अधिकार में
एक पल वेदना बो गया
मानसिक सन्तुलन खो गया

ये सुना है कि कोई न थी राधिका
कृष्ण की कल्पना राधिका बन गयी
अपनी सुधबुध भुलाकर कोई गोपिका
साँवरे रंग की साधिका बन गयी।।

कृष्ण को प्रेम की तीव्र इच्छा जगी।
सर्वथा प्रेम के योग्य राधा लगी।।
वास्तविकता से रोचक लगे ये कथा
चल पड़ी प्रेम की बस तभी से प्रथा ।।
सारी सखियाँ निछावर थीं जब श्याम पर
प्रश्न है क्यूँ वही प्रेमिका बन गयी।।

बाँसुरी मे वही प्रेरणा बन बजी
रास मे भी वही प्रियतमा बन सजी
नाम आधा अधूरा सा है राधिका
अपने आराध्य की थी वो आराधिका
प्राण प्राणों मे ऐसे समाए कि बस
लाल चंदा प्रिया चन्द्रिका बन गयी।।

कल्पना ऐसी सुन्दर मधुर हो गयी
भक्ति में इनकी हर आत्मा खो गयी
जिसका नेहा लगा इस युगल रूप से
बच गया वो दुखों की कड़ी धूप से
इनके नामों पे सब नाम रखने लगे
प्रेमियों के लिए भूमिका बन गयी।।

दुख भरी सुख भरी ये कहानी बाँट लें,
आ कि हम इक दूसरे की ज़िन्दगानी बाँट लें।
बाँट लें लब की हँसी आँखों का पानी बाँट लें।
आ कि हम इक दूसरे की ज़िन्दगानी बाँट लें।

एक भी लम्हा हमारा प्यार से ख़ाली न हो।
बात कोई हो मगर दिल तोड़ने वाली न हो।
बाँट लें नग़मे सभी और बेज़ुबानी बाँट लें।
आ कि हम इक दूसरे की ज़िन्दगानी बाँट लें।

वक़्त हमपे मेहरबाँ हो या सितम ढाता रहे
वक़्त से नाता न रक्खें प्यार से नाता रहे
हर अता हर बला आसमानी बाँट लें
आ कि हम इक दूसरे की ज़िन्दगानी बाँट लें।

तू मेरे रिश्ते निभा ले मैं तेरे सपने चुनूँ
तू मेरा चेहरा पढ़े और मैं तेरी धड़कन सुनूँ
प्यार की दी हुई हर निशानी बाँट लें।
आ कि हम इक दूसरे की ज़िन्दगानी बाँट लें।

क़त्आत

पहली कोशिश ये कि जाके बज़्मे दानाई में बैठ
या जहाँ अफ़रोज़ रअ़नाओं की रअ़नाई में बैठ
और इन में एक भी तुझको, मयस्सर गर न हो
वक़्त मत बरबाद कर, जा, जाके तन्हाई में बैठ।

देखने   वाली   नज़र   हो   यारो
चीज़   रखने   का   हुनर   हो   यारो
चीज़   रक्खी   हुई   काम   आती   है
चाहे   वो   साँप   का   सर   हो   यारो

जब तक ज़ुबान अपनी बशर खोलता न हो
एब-व-हुनर का उसके ज़रा भी पता न हो
नादाँ हर एक दश्त को ख़ाली न तू समझ
शायद कि कोई चीता कहीं सो रहा न हो

सब   सीखा   जीवन   के   सफर   से
दुनिया   देखी   दिल   की   नजर   से
इल्म   की   ऐसी   दौलत   पाई
घर घर ले गई जो एक घर से

थी आरज़ू कि ज़ुल्फ़ की ज़ंजीर में बंधें
खुद के उसूल पाँव की ज़ंजीर बन गये
वो लोग जो शगुफ़्ता थे बाग़ो बहार थे
हालात के थपेड़ों से तस्वीर बन गये

ले आई है हयात अब उस मोड़ पर जहाँ
तुझसे मुझे न मुझसे तुझे कोई काम है
तक़्दीर, वक़्त, ज़िन्दगी, अल्लाह सब ख़फ़ा
नाराज़ होने वालों में तेरा भी नाम है

मैंने चाहा था तुझे टूट के लेकिन जानम
मुझको बाइस नहीं बनना तेरी रूसवाई का
जिस मुलाक़ात पे एहसान की लगती हो मुहर
उस मुलाक़ात से ग़म अच्छा है तन्हाई का

वक़्त ठहरे तो उससे लड़ भी लें
उड़ते पंछी से क्या करें तकरार
वक़्त जो ज़ख़्म दे, गुज़र जाये
उनपे शर्मिन्दा हों कि शुक्रगुज़ार

❑❑❑